国家自然科学基金项目资助

军事对抗决策分析与建模

JUNSHI DUIKANG JUECE FENXI YU JIANMO

陈超 姜鑫 黄金才 黄魁华 著

国防科技大学出版社
·长沙·

图书在版编目（CIP）数据

军事对抗决策分析与建模/陈超等著．—长沙：国防科技大学出版社，2018.10

ISBN 978-7-5673-0532-8

Ⅰ.①军…　Ⅱ.①陈…　Ⅲ.①军事行动—决策学　Ⅳ.①E16

中国版本图书馆 CIP 数据核字（2018）第 215083 号

国防科技大学出版社出版发行

电话：（0731）84572640　邮政编码：410073

责任编辑：罗 燕　　责任校对：袁 媛

新华书店总店北京发行所经销

国防科技大学印刷厂印装

*

开本：710×1000　1/16　印张：11.25　字数：208 千

2018 年 10 月第 1 版第 1 次印刷　印数：1-800 册

ISBN 978-7-5673-0532-8

定价：35.00 元

前言

《孙子兵法》开宗明义："兵者，国之大事，死生之地，存亡之道，不可不察也。"作为战争中军事行为核心活动的军事对抗决策，其重要性毋庸置疑。现代科学技术特别是信息技术的迅猛发展及其在军事领域的广泛应用，使得现代战争呈现出许多新的复杂性特征，战争的"迷雾"与"摩擦"并没有消减的征兆。军事对抗决策因具有思维能力的人的介入而变得更为复杂，这就是人因复杂性，人的参与是军事复杂系统复杂性的根源。本书基于人因复杂性的军事对抗决策，研究围绕军事复杂系统由"人"参与而产生的复杂性，以人因复杂性为特定视角系统深入地研究不确定性环境下军事对抗决策的分析、建模与应用。

军事对抗决策是联合作战行动计划制定的核心，联合作战行动计划的建模与优化是管理科学决策理论与方法与军事科学指挥与控制理论的交叉研究领域。

本书将军事对抗决策视为一类具体的人因复杂问题，引入多主体影响图、博弈论以及超博弈等理论工具分析军事对抗决策，提出博弈网模型建模和求解被描述为超博弈的军事对抗决策问题，为军事对抗决策研究提供了全新的视角，具有重要的理论价值和现实意义。

本书共六章。第一章绪论主要介绍了本书研究背景和研究现状。

第二章建立了面向人因复杂性的军事对抗决策理论基础，提出了人因复杂问题的求解框架。第三章基于多主体影响图、博弈论和超博弈，分两阶段建立了面向人因复杂性的军事对抗决策的观念分析框架。第四章针对现实军事对抗决策中共同知识和理性假设失效的情况，提出了用于描述超博弈问题的博弈网模型，将军事对抗决策过程等价为博弈网的建立与求解过程，建立了基于博弈网的军事对抗决策方法并作案例分析。第五章提出了三种扩展型博弈网模型，建立了基于扩展型博弈网的军事对抗决策方法并作算例分析。第六章对本书研究工作进行了总结，并对未来工作做了展望。

本书可以作为管理科学与工程和军事学领域作战计划专业的研究生教材，同时适合于从事指挥信息系统分析与设计、作战体系设计、网络信息体系等前沿领域研究的科研人员阅读。

本书的出版得到了国家自然科学基金项目（NO. 71471174，71101149）的资助，在此深表谢意。

本书中所阐述的内容由于仍处于探索阶段，错误和疏漏之处在所难免，敬请广大读者朋友批评指正，以利于我们进一步改进完善。

作 者

2018 年 8 月

目 录

第三章 面向人因复杂性的军事对抗决策分析框架

第四章　基于博弈网的军事对抗决策建模及应用

第五章　基于扩展型博弈网的军事对抗决策建模及应用

第一章 绪 论

决策和博弈(对策)理论与方法一直是国内外管理科学的主流和热点研究方向之一。“决策、对策和预测理论与技术”以及“复杂系统与复杂性研究”同属管理科学与工程学科国家自然科学基金委重点资助和发展的七个领域[1]。信息技术的快速发展为决策和博弈理论与方法研究带来了新的机遇和挑战。在当前决策和博弈问题复杂性凸显的情况下,开展基于复杂性或者面向复杂性的决策和博弈理论与方法研究具有重要的理论价值和实践意义。

决策是构成军事行为的核心活动。军事决策研究旨在促进对军事决策活动的理解,并开发分析方法和工具辅助决策者决策。军事决策往往发生在交战过程中,具有显著的对抗性,因此本书用“军事对抗决策”一词界定军事行为(特别是对抗性军事行为)中的决策活动。军事对抗决策是研究对抗性军事行为中决策者决策行为的理论与实践的综合性交叉课题,它以管理科学、军事科学、认知科学以及信息科学等学科为基础。因此,把军事对抗决策视为有人参与的复杂系统,综合利用复杂性、决策和博弈等理论对军事对抗决策进行研究具有重要意义。

1.1 研究背景

决策是一个具有普遍意义的课题,大到一个国策的制定,小到一个行动的选择,它几乎存在于所有的科学技术与社会管理领域中。任何组织或个人都面临着越来越复杂的决策问题,如何科学有效地决策,无疑在理论和实践上都具有重要意义。在环境和问题完全确定的条件下进行决策虽然也不是一件简单的事情,但是毕竟大量的应用数学和运筹学理论已经提供了比较好的方法和工具。然而现实中的实际决策问题,往往需要在未来环境和问题捉摸不定的情况下事先做出,这就需要研究面向复杂性的决策方法。

现代战争是涉及政治、经济、法律、民族、种族、宗教、文化、科技等社会因素，以及地形、地貌、气候、气象等自然因素在内的复杂系统，具有物质、能量和信息的全面开放性，其复杂性空前地凸显出来。军队指挥官的首要任务是在作战以及其他管理工作中进行决策，要想成功地指挥一场实战或演习，就要为完成特定作战任务而进行组织、计划和任务分配等决策。能做出英明的决策是指挥官最重要的才能，也是决定战争胜利的关键因素。军事对抗决策研究的目的就是采用科学的方法对军事对抗决策问题进行分析、建模和求解，最终得到可执行的决策实施方案。

1.1.1 从信息优势到决策优势

美军《2010 联合构想》[2]提出“信息优势是军事改革的支柱”，强调“美军必须拥有信息优势”。《2020 联合构想》[3]进一步发展和完善了信息优势的概念，认为“信息优势是实现《2020 联合构想》的关键驱动力”，信息优势最终“只有在其有效转化为知识优势或决策优势时才能给联合部队带来竞争优势”。“信息优势既不等于可能得到完善的信息，也不表示可以拨开战争迷雾，联合部队必须能够利用转化为知识优势的信息优势来夺取‘决策优势’”。在网络中心战价值链[4]中，也将决策优势和行动优势作为获取全面竞争优势的直接手段，决策优势和行动优势分别意味着比对手具有更薄的“迷雾”和更少的“摩擦”。

因此，只有把信息优势转化为知识优势，并使部队能够比敌人更迅速地做出更好的决策，进而夺取决策优势，才能最终提高部队的联合战斗力。在具备了信息优势和决策优势时，就能够加快指挥速度、先敌选择、创新待选方案，并提高选定方案的效果，其结果是加快作战节奏、获得对敌主动并迫使敌人的行动方案失效，从而赢得胜利。

信息化战争条件下，战场制信息权是取得战争胜利的首要条件，而能否获得决策优势就成为最终能否取得战场控制权的关键环节。在作战指挥过程中，决策不仅是指挥员最基本的职责，也是整个指挥活动的核心，决策的合理性和及时性将直接影响战争胜负。现代战争中的军事对抗决策具有不确定性、不完全信息条件、对抗性强以及节奏快等突出特点，因此提高决策效能就成为当前军队应对新军事变革的重要工作。

只有及时为指挥员提供所需的信息，才能在未来信息化战争中取得决策优势，进而确定战争的全面优势。全面优势源自于信息、知识、理解和决策等多个方面的相对优势，任何一个方面的失败都有可能导致作战行动的失败[4]。为此,如何从不确定、不完全与不一致的海量信息中精确有效地提取信息,进而将信息优势转化为决策优势,业已成为当前构建基于信息系统的体系作战能力过程中面临的困难问题和迫切需要解决的关键问题。

1.1.2 复杂性无处不在

美国国防部指挥与控制研究规划(DOD Command and Control Research Program,CCRP)主管 David S. Alberts 博士在为 CCRP 系列出版物 2011 年新书[5]作序中坦言:"如果说 CCRP 系列出版物存在一个特别的核心主题,那一定是关于复杂性的挑战以及应对复杂性的方法。"原美国海军陆战队中将 Paul K. Van Riper 在为被誉为"军事复杂性理论研究之父"的 Ilachinski 博士的专著[6]作序中提到:"不管怎样,当我们这些研究战争的老手在读到 Santa Fe Institute 的研究报告时……就越发相信战争具有非线性的特性,并且需要用复杂性理论这一视角更好地研究和理解战争。"

长期以来,"迷雾"和"摩擦"一直被视作战争复杂性的典型特征。战争的"迷雾"是指战争发展的不确定性,"摩擦"是指把指挥员的作战意图转化为行动过程中所遇到的困难。缜密计划、集中兵力、采用预备役、条令严明、限制信息流以及强调统一指挥是若干世纪以来对付战争"迷雾"和"摩擦"的宝贵遗产[7]。

在从机械化战争到信息化战争的转变过程中,信息技术的迅猛发展并没能驱散"迷雾"和"摩擦"。信息时代一方面使得收集和处理数据的能力全面提高,能够越来越快地做出更好的决策;而另一方面,现代高技术局部战争复杂性凸显、节奏加快,战争态势瞬息万变,战场信息量巨大,而且充斥着不确定、不完全和不一致信息。因此,复杂性是战争系统的本质属性,而信息化进一步加剧了战争的复杂性[8-9]。

在具有复杂性的决策对象系统面前,决策者往往表现出有限理性。换而言之,人们缺乏关于全域问题的完全知识以及对事物结果的精确预见。面对复杂性,人们往往无法摆脱熟悉的思维定式和错觉。现在日趋清楚的是,决策者所面临的态势和所需响应的复杂性不仅超出了决策的理论体系,而且还超出了那些顶尖专家对复杂性的处理能力[10]。复杂性的来源正变得层出不穷,包括各种各样的事件和与其相联系的实体、交互作用的密度以及速度,导致难于明确一一对应的因果关系和几乎无法预测的级联影响[10]。

1.1.3 面向人因复杂性的军事对抗决策研究

军事对抗决策与其他决策问题的区别体现在两个修饰语“军事”和“对抗”上。军事关乎国家大事，必须慎重，不容有失；对抗是核心特征，反映了该类决策问题的对象系统有人参与，即决策客体也具备主观能动性。因此决策主体同决策客体之间具有某种对称性，决策客体也以主体形式在其他对抗方存在。而在处理有人参与的决策对象系统时，明显比无人参与的对象系统要复杂，这里体现出来的复杂性就是人因复杂性。战争作为特殊的博弈行为，具有主观能动性的各对抗方都大行诡道、力拼武力和崇尚冒险，因而不确定性非常突出[11]。

信息化条件下的联合作战，面临着复杂的电磁环境，而武器装备的多样性、制约战争的因素的不确定性，都使得在战争中做出正确决策异常困难[12]。作为战争中军事决策者与政治决策者感知整个世界，对冲突具有信心和指挥己方军队的一种卓有成效的手段，信息技术也没有改变战争中人的因素[13]。如何认识和处理战争冲突中人这个方面的因素是真正的挑战，并且挑战的核心在于必须要对人和人的组织中固有的复杂性进行处理。这就意味着即使具备所有可能的知识和才智，也仍将面临某种程度的复杂性。

基于效果作战是典型的面向人因复杂性的军事对抗决策理论。基于效果作战[14]是由一系列相互协调的动作组成，旨在塑造盟友方、敌对方和中立方在平时、危机与战时的行为，直接打击的是战争中“人的因素”。从战争中人的角度来讲，人们感知和决策所依赖的认知过程是战争中的核心因素。基于效果行动就是关于冲突中的人这个方面，它们以两个或多个最为典型复杂的作为决策者的人（或由人构成的组织）之间的交互作用为中心。基于效果行动的重点在于塑造人的行为，尤其是通过军事行动来塑造人的行为。为了达到该目的，基于效果行动就构成了一种以人为中心、刺激与反应的军事行动方式。这种方式有助于把握战场问题的要害。正是战斗意志与战斗能力的相互结合并有效地发挥作用，才是获得胜利的决定性因素。此外，在任何战斗中，人的作用是非线性的，所以基于效果行动就有可能使每次投入的单位兵力发挥出最大的冲击作用，从而获得最大的行动效益。

1.1.4 研究思路

长期以来,从工业时代的机械化战争到信息时代的信息化战争,人们在认识和改造战争的过程中,不断地寻求理解并掌握战争的规律,认识与研究战争的手段不断增强。运筹学中的博弈论,就其理论框架而言,是研究人因复杂问题的良好工具。但经典博弈论还不能直接处理人因复杂问题,原因在于,它把人的社会性、复杂性以及人的心理和行为的不确定性过于简化,以至于把复杂系统问题变成了简单系统问题[15]。现实中的军事对抗决策都在不确定性环境下进行,这种不确定性是由信息不确定、不完全、不一致和不对称导致的。在不确定性环境下,不仅经典博弈论的纳什均衡难以合理解释对抗各方所选择的行动,而且经典博弈论模型也很难描述现实中的军事对抗态势。因此需要在复杂性语境下,对经典博弈论从理论假设、模型描述以及解的概念等各方面进行充分反思,寻找能够合理描述、解释和预测现实军事对抗态势的理论方法。这就是面向人因复杂性的军事对抗决策方法。

综上所述,怎样理解复杂性环境下的决策行为,如何在复杂性环境下制定决策,就成为面向人因复杂性的军事对抗决策研究的两个最具挑战性的课题。面向人因复杂性的军事对抗决策研究具有两个重要特点:一是利用复杂性科学和决策、博弈理论中的最新成果去研究军事对抗决策问题;二是通过研究军事对抗决策行为发现其规律,提炼复杂性科学与决策、博弈理论中具有挑战性的研究课题。

在上述研究背景下,本书在国家自然科学基金(71401174)“动态不确定环境下联合作战行动计划建模与优化方法”项目的支持下,开展了面向人因复杂性的军事对抗决策研究,对复杂性理论以及复杂性环境下的军事对抗决策研究都具有重要的理论价值和现实意义。

1.2 研究现状

1.2.1 基于复杂性的战争问题

复杂性科学和战争问题的交叉研究主要集中在三个方面:一是战争系统复杂性特征的探索与佐证;二是面向复杂性的战争理论;三是基于复杂性科学的战争问题研究方法。

1.2.1.1 战争系统复杂性

一般认为,战争系统复杂性的研究始于20世纪90年代,标志是1992年Beyerchen[21]的研究论文《克劳塞维茨:非线性和战争的不可预测性》。该文认为,克劳塞维茨在《战争论》中已经提及了战争的"非线性特征、不可预测性和混沌"。此后,战争系统复杂性研究引起了美国海军分析中心等许多大型国防研究机构和学术团体的注意,并举办了一系列学术研讨会(见表1.1)。

表1.1 1996—2006年召开的与战争系统复杂性相关的重要会议

时间	研究机构	会议主题
1996年	美国国防大学与兰德公司	复杂性、全球政治与国家安全[16]
1997年	美国军事运筹学会	建模与仿真的复杂性问题[17]
1999年	美国军事运筹学会	战争分析与复杂性[18]
2003年	中国军事运筹学会	战争复杂性与信息化战争[19]
2005年	中国国防大学	战争系统复杂性[19]
2005年	269次香山科学会议	战争系统复杂性与体系对抗问题[20]
2006年	中国系统工程学会军事系统工程专业委员会第十六届学术年会	战争复杂性与军事系统工程[8]

在诸多学术机构的倡导下,许多学者都发表了战争复杂性领域的研究成果,具有代表性的包括美国海军分析中心Ilachinski博士主导的"复杂性与战争"研

究计划[22-26]以及英国学者 Moffat 的专著《复杂性理论与网络中心战》[7]，他们系统研究了信息时代部队结构和军事行为同复杂性观点之间的联系（见表 1.2）。国内外学者关于复杂性理论和战争系统交叉研究情况的代表性成果不完全总结如表 1.3 所示。

表 1.2 复杂性与信息时代战争之间的关系

复杂性概念	信息时代的部队
非线性交互作用	作战部队由大量具有非线性交互作用的部分构成，包括 C^2 体系中的反馈环、对敌方行动的理解和适应、决策过程和战机
网络 Agent	军事组织由许多 Agent 和元 Agent 构成
非平衡态的序	军事冲突由其本质所决定，是远离平衡态的；局部作用的关联是关键
分散控制	不存在对每一个作战单元的每一次行动都逐一注明的“神谕”
层次化结构	作战兵力通常组织成一个（类似分形）指挥和控制层次体系
自组织	局部看起来混沌的作战过程，在全局上是有序的
自生	尽管分队、火力组和整个梯队的身份不断变化，作战兵力和 C^2 结构保持完整；战场上的交火和小冲突不断涌现出自组织、自生的结构
自适应	作战部队必须在变化的环境中连续地适应和协调演化；选择更好的方式来适应敌人的变化
涌现性	战场上行为的全局模式，来自于局部交互规则和条令的嵌套作用
微观－宏观反馈环	在低层作战单元的行为和高层指挥结构之间存在一个反馈环
群体动力学	战斗单元行为和指控结构之间存在着连续的反馈
有限理性	单个作战单元不可能具有无限的资源，也不会处于具有无限信息的环境中，只能利用有限的资源快速地做出局部决策
不可还原性	作战兵力的战斗力不能理解为单个士兵战斗力的简单叠加

此外，“战争中的偶然性”“战争结果的不可重复性”“战争中的迷雾”“武器装备体系能力的涌现性”“作战行动的自同步”等现象，都在说明战争的复杂性特征。钱学森指出，军事系统是一个典型的复杂巨系统[15]，它具备了该类系统的所有主要特征[27]：非线性、多样性、层次性、涌现性、不可逆性、自适应性、自组织临界性、开放性、动态性、流动性、还原论方法无法解决等，战争行为的复杂性毋庸置疑。信息化战争除了具有一般军事系统的复杂性特点之外，还呈现出新的特点：多维性、对抗性和协同性[28-30]。可见，战争系统是典型的复杂系统，战

争的信息化加剧了战争的复杂性。

表 1.3 复杂系统理论与战争或军事问题的交叉研究

复杂系统理论	战争或军事问题	研究者或研究机构
耗散结构理论	军事系统或其局部子系统具有耗散结构	张金春等,王荣辉
自组织理论	军事系统或其局部子系统具有自组织性	Bell,赵妹淳等,张金春,宋黎等
突变理论	战场态势变化的突变性	Moffat,Moffat 和 Witty
混沌理论	战争系统中的混沌现象	Moffat,Durham,方锦清等
分形理论	战场或某些军事技术领域的分形特征	Moffat,Lauren,McIntosh 与 Lauren,Perry,杨懿等
非线性理论	战争复杂系统中的非线性现象	Moffat,Czerwinski,Beckerman,Geeraerts
涌现性理论	战争系统或其局部子系统表现出涌现性	Moffat,澳大利亚防务部队学院,Lucas,胡晓峰
复杂自适应理论	基于效果作战、网络中心战、人工战争	Ilachinski,Horne 等,Woodaman,Brown,Dave Taylor,Hiniker,美海军作战发展司令部与新西兰防务运筹资助组织,Kewley,McIntosh 与 Lauren,Sprague 等,胡晓峰,赵晓哲等,韩月敏等,赵妹淳等
复杂网络理论	军事复杂系统结构、交互关系	谭东风,吴俊等,沈寿林

1.2.1.2 面向复杂性的战争理论

信息化条件下战争的复杂性显著,使指挥员面临的"战争迷雾""作战的不确定性"日益增强。传统的指挥理论和方法难以适应新的要求,必须以新的视野认识和把握信息化战争,探索建立新的作战指挥理论。在信息化作战指挥中,绝不能单一地运用简单性、线性的思维方式,而应以一种开放的、整体的、非线性的观念来认识和研究作战问题;应充分借鉴和应用复杂性理论与方法,来构建和应用与信息化作战指挥相适应的复杂性思维模式,提高信息化条件下军事对抗决策的科学性、针对性和有效性。美军在这方面走在了世界的前列,他们的网络中心战、基于效果作战、快速决定性作战、分布式网络化作战、知识中心作战等战争理论都是在运用复杂性科学认识信息化战争的基础上提出的。

(1)网络中心战[10, 64]

时任美国国防部军队转型办公室主任的海军上将 Cebrowski 在英国皇家军队联勤学院所做的主旨发言中指出,作为一种新发展的战争理论,网络中心战的基本概念是非线性、复杂性和混沌,它的确定性少而涌现性多,它更多地强调行为而非实体,相互关系而非具体事物。网络中心战强调将战斗力置于具有鲁棒性的网络上,通过增强感知和共享感知获得竞争优势。而竞争优势由决策优势和行动优势综合体现,其中决策优势建立在信息优势上,意味着己方比敌方具有更薄的"迷雾"[4]。

虽然复杂性的挑战看上去非常难以应付,但是历史上的战斗和危机行动战例表明,它还是可以应对的。挑战就是要盘算如何将信息时代的新技术和网络中心的思想应用到这项化解复杂性难题的任务中。为了达到这个目的,必须剖析所涉及的复杂性,研究以往的领导者是如何处理这些复杂性的。

未来的作战空间,无论是大规模战争、战区级作战,还是城市环境下的作战,均是快速和复杂的。应付战争的复杂性历来都是指挥和控制的任务,网络中心战提供了应付这种复杂性的新的重要工具。具备网络中心能力不仅能处理这些复杂性,而且能够开发和利用这些复杂性。网络中心能力带来的是一种新的能力,能以一种例行的方式处理基于效果行动中固有的复杂性问题。

(2)基于效果作战[14, 65]

网络中心作战只是达到最终目的的一种手段,而基于效果作战就是这个最终目的。基于效果作战由一系列相互协调的动作组成,旨在塑造盟友方、敌对方和中立方在平时、危机与战时的行为。基于效果行动的希望与挑战,就是激发这样的一条级联,并粗略地预计它将向何处发展。然而,为了应对这个挑战,必须更多地理解所涉及的复杂性。

在基于效果行动的计划和执行过程中,存在不得不处理的复杂性区域。为了在认知域中产生一种冲击影响,就必须将一系列复杂动作中的所有变数编排起来,以便把握创造所需效果的最佳机会。其次,还必须评估物理和心理效果级联的发展,识别并权衡所涉及的危险。最后,必须将那些大量而离散的标识聚集起来,以便能够检测某些观察者的行为变化。这三个复杂性层次在认知域中是不可避免的,开发和利用这些复杂性能提供来自基于效果行动所需的非线性冲击。基于效果作战明确提出,在基于效果行动过程中的复杂性处理起来具有挑战性,这个挑战不仅在于处理这些复杂性,而且还能以"混沌边缘"的方式利用这些复杂性,从而处于优势。复杂性是基于效果行动的不可分割的一部分,并且不管对于物理效果还是心理效果的级联都会产生非线性冲击作用。

1.2.1.3 基于复杂性科学的战争问题研究方法

(1)综合集成方法

现代战争系统是复杂系统,军事问题研究涉及大量的复杂因素,单纯依靠定性或定量的手段都难以解决[66]。综合集成方法在解决战争复杂系统问题方面具有优势,日益受到重视,已成为研究战争复杂系统问题的重要方法。

早在20世纪80年代,美国约翰·霍普金斯大学应用物理研究所(APL)就建立了战争分析实验室(Warfare Analysis Laboratory,WAL)[67],并利用它为美国海军分析未来10~20年航空母舰作战群的发展需求。而后,于2000年开发了WAL2000研讨环境[68]。WAL2000研讨环境实际上就是一种基于研讨的战争系统分析综合集成环境。美军从“需求产生制度”到“联合能力集成与开发制度”[69],都体现了美军应用综合集成法研究军事复杂装备体系需求开发问题的探索过程。另外,2002年5月,兰德公司完成了题为《信息时代海军的效能度量(MOE):网络中心行动对战果的影响》[70]的研究报告,这份报告采用定性定量相结合的综合集成法分析未来武器系统和战术运用结合问题,以应对未来战争。

国内关于采用综合集成方法应对战争复杂性的研究大多建立在钱学森“综合集成研讨厅”理论之上。徐根初[71]、江敬灼[29]、胡晓峰[72]、赵晓哲[27]、沙基昌[73-74]等研究人员认为,从定性到定量综合集成方法是解决战争复杂系统问题的正确途径,以复杂性理论为核心知识基础,从整体的、联系的角度把握事物的性质和规律,以微观与宏观相结合的综合分析方法,运用从定性到定量的综合集成研讨厅,将定性与定量有机地结合起来,充分发挥人、机各自的长处,具有综合优势、整体优势和智能优势,为提高战争问题研究的科学性和高效性开辟了新的道路。此外,李德华[75]、胡晓峰[76]、常显奇[77]、韩祥兰[78]等所在的研究团队都各自在综合集成研讨厅系统研制方面取得了重要的成果。

(2)建模仿真方法

战争复杂系统的建模仿真方法主要以混沌、非线性、自组织、复杂适应系统等为理论基础,特别是复杂适应系统理论,它几乎是网络中心战和基于效果作战等面向复杂性的战争理论的唯一重要的理论基础;复杂适应系统理论以多Agent仿真为技术手段,讨论各种多Agent模型中Agent的概念和结构,开发建模仿真平台与结果分析系统,对军事系统中的特定问题进行研究。

国外学者利用建模仿真方法研究战争问题的代表性成果为Moffat的《网络

赋能作战的适应性建模与仿真》[5]和 Ilachinski 的《人工战争:基于多 Agent 的作战仿真》[6]两本专著;较重要的大型仿真平台是美国海军分析中心开发的 ISAAC[22](Irreducible Semi-Autonomous Adaptive Combat)以及 EINSTein[23](Enhanced ISAAC Neural Simulation Toolkit)系统。这两个系统以 SFI 的 SWARM 平台为基础,采用基于多 Agent 的仿真技术,对各种战争问题进行仿真分析,结果表现出了前进、撤退、正面进攻、侧面迂回、渗透、包围、相持等多种态势,为作战研究提供了新的思路。在国内,主要是国防大学胡晓峰教授的研究团队开展的战争复杂系统建模与仿真[79]、战争复杂系统仿真分析与实验[80]等方面的研究。

(3)作战实验室

作战实验作为信息时代认识战争的实践途径,是和平时期进行战争研究最重要的手段之一。由于战争本身充满了极其复杂的不确定性,军事认知的过程也是主观能动性的综合体现[81]。作为一种探索未来战争规律的手段,作战实验是"军事科学研究方法划时代的革新"[82],其在认识战争规律、指导战争实践以及推动军事转型方面的巨大作用,是世界军事强国的普遍共识。

国外针对如何利用作战实验室研究战争复杂系统问题取得了许多成果,以美国为代表的西方发达国家建立作战实验室,为将来作战提供预研准备,进而指导武器装备、作战理论和编制体制等的发展。美国曾先后组建了 22 个作战实验室,其中参联会 2 个、陆军 10 个、海军 3 个、海军陆战队 1 个、空军 6 个[80]。美军作战实验以《2020 联合构想》为指导,紧紧围绕提高未来美军的作战能力,直接指导未来的军队转型。战争实验的内容覆盖了对国防关键技术的确认、评价、发展和使用各个阶段,覆盖了从技术、战术到战略各层次各方面的重要决策问题,先后进行了"21 世纪高级作战实验""全球战争对策""远征部队作战实验""千年挑战 2000""千年挑战 2002"和"奥林匹克挑战 2004"等战争实验[83]。

20 世纪 70 年代末期,我军也开始了作战实验相关理论与实践的研究工作。目前常用的作战实验方法主要有对抗模拟法、作战分析法和综合集成法等[84]。2007 年,原南京陆军指挥学院在国家自然科学基金项目、国家教育部"新世纪优秀人才支持计划"以及原总参、原总装重点科研项目支持下,围绕战斗复杂性,成立了全军第一个"联合战斗复杂性实验室",取得了初步的研究成果[63]。

事实上,上述三种方法在使用过程中并不是互相独立的,而是针对不同特点的问题,采用以某种方法为主其他方法为辅的手段研究具体问题。上述研究活动表明,基于复杂性科学的战争问题研究已经得到军事问题研究机构和研究人员的广泛关注,成为战争问题研究的一大热点。这些研究取得的成果,为继续深化研究指明了方向、奠定了基础。

1.2.2 人因复杂性

1.2.2.1 人的因素

决策在本质上是一种人的行为，无论是个体决策、群体决策还是组织决策，决策活动的各个环节都体现出人的因素的影响和作用，人的因素的作用往往会导致决策正误得失难以估量的后果[85]。但是在经典决策论或博弈论中，并没有特意研究人因的作用。在统计决策理论中，人因作用隐含在决策者对事件的主观概率赋值和偏好准则之中；而在博弈论中，更是简单地将所有局中人假设为完全理性的。

战争是“死生之地，存亡之道”“国之大事”，军事对抗决策是核心利益冲突的各方，对事物发展方向和进程争相控制的行为。可见，对抗性活动凸显了人的因素的重要作用。现代军事对抗决策活动已经是“人机”系统，通过发挥人和机器的综合优势来完成决策的全部职能。在“人机”系统中，人仍然是决策的核心，是创造性的智能因素；而机器则为人的决策过程提供辅助、支持和服务，从而提高人的效能和作用。

在军事对抗决策中，影响决策最终效果的因素很多，包括自然因素和社会因素、政治因素和军事因素、物质因素和精神因素、生理因素和心理因素等，但都可涵盖于敌情、地情和我情三个方面，其中最为重要的敌情和我情都深受人的因素的影响。战争是敌对各方智慧、意志和力量的冲突，是人的对抗。人的因素是最难以掌控和预测的，但是人的因素却在很大程度上决定了战争的走向。

克劳塞维茨[86]把战争中人的因素提到了一个突出地位：“军事活动决策并不是仅涉及物质因素，它同时还涉及具有生命力的精神力量，因此把两者分开是不可能的。”Metersky 在《C^2 过程及设计和评价方法》中明确提出：“要强调考虑人的因素在指挥控制中的作用”。Wohl 在《空军战术指挥控制中的作战管理决策的需求》中表达：“必须同时注重那些影响决策质量的人的因素”。Andriole 和 Halpin 在《指挥、控制与信息技术的展望》中说：“必须将指挥和控制看作人的推理与决策的重要过程，同时，它由大量的信息、决策与‘专家’系统支持，而不超越指挥者做出决策的权限”。

由于军事问题的特殊性，军事对抗决策在借鉴决策论和博弈论等经典理论实现科学化和定量化的同时，更应该关注人的因素在决策过程中的重要作用。

在强调军事对抗决策科学化的同时,必须注重对于人的因素的关注和研究。战争进程受到人类精神及行动复杂性等多方面因素的制约,只要有人参与战争,就没有一种技术可以消除这种不确定性和模糊性[8]。在作战能力与作战效能评估中,人的因素是重要的影响因素,且最难以评估[29]。人的因素包括技术水平、精神状态、认知行为等,其中认知行为的影响是评估难点中的难点。对于计算机仿真而言,也涉及指挥所与作战单元的认知行为的建模问题,这是目前困扰军事建模与仿真的重大难点问题。指挥所与作战单元的认知行为建模的主要难点在于对抗条件下的决策知识的获取与表达,以及利用这些知识进行对抗决策的逻辑过程,即对抗性的认知行为描述。目前,在实践中采用的专家系统、决策树(表)、有限状态机、基于 Agent 的建模等方法,都没有收到满意的效果,重要原因是决策行为及其对抗性的规范化(形式化)描述存在难以克服的困难。

1.2.2.2　人因复杂性和人因复杂问题

"人因复杂性"和"人因复杂问题"两个概念由国防科技大学沙基昌教授[88-89]提出。人因复杂性特指复杂决策问题中局中人的决策行为同未来环境之间的循环依赖性,具有人因复杂性的复杂决策问题称为人因复杂问题。在人因复杂问题中,局中人的决策行为是影响环境变化的决定性因素。

工业工程子学科"人因工程"[90-91]中也有"人因"的概念,需要将本书所研究的人因复杂性中的"人因"与其区分开来,两种"人因"概念的异同可以从表1.4 列举的几个方面进行辨析。

虽然"人因复杂性"和"人因复杂问题"是新近界定的概念,但是问题的人因复杂性和人因复杂问题是长期存在的,具有人因复杂性的决策问题在许多领域中普遍存在。例如,Galeotti 等[92]撰文指出,在经济学领域中,从公共物品供给到信息收集,决策者的行动都依赖于其他相关决策者的行为,并引入网络博弈框架来分析此类策略依赖问题;Sanfey[93]提出,在社交环境下人们的社交决策依赖于他人的选择,并强调可以结合博弈论和最新的神经经济学方法对此类问题进行深入研究;Brynielsson[94]研究表明,军事领域指挥员战术决策过程中也存在信念、意愿和意图的相互依赖性,认为需要在传统的人工智能方法中引入博弈论才能有效应对此种情况;Whittaker[95]针对广泛存在的现代非对称战争的特点,阐述了美国现行军事演习中存在的问题及其已经采取的措施,认为在应用经典博弈论对非对称冲突进行建模时,必须着重解决历史数据挖掘、行为策略优化、博弈空间可视化等问题;Alberts 等[96]指出,信息时代战争中存在的这种决策同环境之间的耦合关系难于预测,需要跨领域制定具有灵活性的干预策略。在 2010

年5月召开的374次香山科学会议[88]上,四十余位国内专家探讨了军事领域以及经济、社会领域的人因复杂问题,认为建立面向人因复杂问题的求解方法需要引入“设计”思维和“综合集成方法”。

表1.4 “人因”概念辨析

	本书人因复杂性中的“人因”	工业工程中的“人因”
英文名称	Human-caused	Human Factors 或者 Ergonomics
学科属性	决策论、博弈论	人因工程学、人类工效学
研究中心	人	人
人的地位	主体	客体
人的因素	人与人对抗过程中策略行为循环依赖关系中由人主动导入的因素	人在某种工作环境中的解剖学、生理学和心理学等方面的各种因素
研究目标	理解、应对并利用人因复杂性,提高对抗决策的效果	提高工作效率和质量 满足人们的价值需要
研究内容	人-人相互作用过程中的各种问题	人-机-环境相互作用过程中的各种问题
研究成果	设计决策方法应对人因复杂性	设计符合人类需求的机器或环境

1.2.3 军事对抗决策

1.2.3.1 基本概念

军事对抗决策泛指在军事冲突过程中,为了达到预期军事目的而进行的战争准备和战争实施的决策行为。军事对抗决策同指挥决策、指控决策和作战决策三个概念密切相关,可以通过对这三个概念的分析来理解军事对抗决策。

(1)指挥决策

简单地说,指挥决策就是军队指挥中的决策活动[97]。从内涵角度看,指挥决策活动是指挥员及其指挥机关为了达到一定目的,对所属部队行动目标和行动方法所进行的一系列筹划、优化和决断活动。而从外延角度讲,指挥决策从狭义上理解只涉及确定行动方针和定下行动决心这些活动,但从广义上理解还可以包括制定行动计划和进行情况处置等内容。指挥决策这一概念实际上包含了决策是指挥的核心这一理念，体现了决策在指挥中的重要性，有利于从决策制定和实施的角度去研究整个指挥过程，有利于推进指挥实践的发展和指挥效能的提高。

指挥决策学专家史越东[97]认为，《合成军队指挥学》[98]一书是我军中首部将指挥决策这一概念进行定义，并将其单列一章进行研究的指挥理论专著。其后，《军队指挥学》[99]和《作战指挥概论》[100]也都提出了指挥决策的概念，并单设章节对其进行研究。指挥决策作为一个比较新的概念，是从20世纪80年代后期，随着指挥理论从作战理论中分化出来，才被越来越多地使用。目前该词广泛的出现在我军的条令条例、学术研究和新闻报道中。指挥决策作为一个特定术语，到目前为止，其含义在军事学术界并没有一个统一的、确切的认识。

(2)指控决策与作战决策

指控决策强调控制活动是指挥决策活动的延伸，其作用在于保证圆满地实施既定决策。在国外的研究中，指挥与控制并不分家，往往同时出现，即 C^2 (Command and Control)，文献[4]更是提出指挥控制就是决策。

作战决策是为实现一定的军事目的而制定的各种可供选择的行动方案，并决定采取某种方案的思维活动[9]。作战决策是作战指挥活动的核心，其形式主要有制定作战方针、定下作战决心和做出作战处置等，其中最基本的是定下作战决心[101]。作战决心是指挥员对作战目的及其行动做出的基本决定，是整个作战行动的基本依据，其主要内容包括作战企图(目标)、主要作战方向、基本作战方法、力量组织运用以及主要协同保障措施和作战行动的有关时限等。

(3)军事对抗决策的特点和类型

军事对抗决策作为一类特殊领域中的决策活动，与一般的决策相比还具有几个不同特点：对抗性、时效性、复杂性、风险性和非重复性。军事对抗决策根据需要人参与的程度以及资源的消耗量可以分为自动决策、简单决策与复杂决策，如图1.1所示，本书主要研究复杂决策。军事对抗决策还可以根据不同的角度划分为不同的类型，比如：可以根据时空划分为战略决策、战役决策和战术决策；根据环境和条件划分为确定性决策和不确定性决策；根据冲突领域划分为单领域决策和多领域决策；根据动态性划分为单阶段决策和多阶段决策；根据目标多寡划分为单目标决策和多目标决策等。

本书所关注的军事对抗决策是一种非结构化的、不确定的、多目标的和高风险性的复杂活动，不能仅依靠定量分析与公式计算等决策方法解决问题，必须充分考虑作战决策中存在的大量不确定性因素，以及作战决策者的心理和思维等人的因素所起的作用。军事对抗决策研究的理论来源主要是现代决策论和博弈论方法，以及心理学和认知科学等学科。

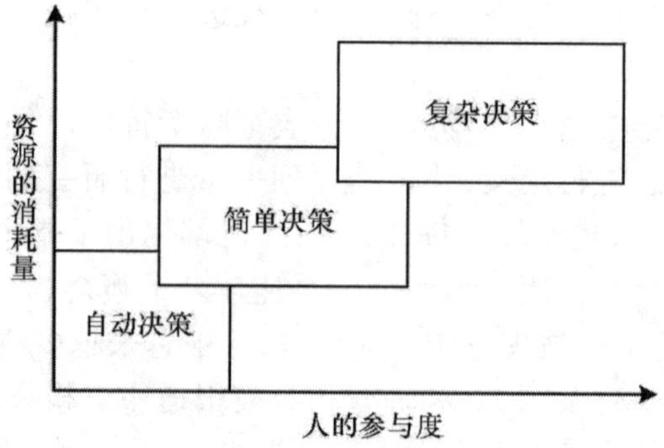

图 1.1　自动决策、简单决策与复杂决策

1.2.3.2　军事对抗决策模型

(1)OODA 族模型

美国空军中校 John Boyd 于 20 世纪 70 年代提出的 OODA（Observe-Orient-Decide-Act）模型[102]是最为著名的军事对抗决策模型。OODA 模型作为重要内容写入了许多国家的作战条令，包括美国陆军[103]、空军[104]和海军[105]条令等。Hammond[106]的专著对 OODA 模型进行了比较详尽的介绍。经典 OODA 模型包括观测、评估、决策和行动四个步骤，其克敌制胜的基本策略是加速己方的 OODA 过程，或者破坏敌方的 OODA 回路。经典 OODA 模型一直深受学术界和业界关注，并针对其缺点提出了一系列改进模型，不妨称之为 OODA 族模型。

Fadok 等引入反馈和输出回路，提出了扩展 OODA 模型[107]，扩展模型评估阶段的描述更加详细，评估阶段在整个回路成为承前启后的关键，体现了其对认知因素的考虑。考虑到决策的动态性、时间限制和信息不确定性，Breton 和 Bossé 提出了迭代 OODA 模型[108]。在经典 OODA 模型以及控制论模型的基础上，Berndt Brehmer 提出了动态 OODA 模型（Dynamic OODA, DOODA）[109-110]，引入了指挥观念[111]，开始在建模中考虑人的主动性。在主识别决策模型（Recognition Primed Decision-making Model, RPDM）[112]基础上，Murhpy 和 Glasgow 提出了 RPD-OODA 模型[113]，在认知尺度上较经典 OODA 模型前进了一大步。在 SADT/IDEFØ 图形建模框架下，Grant 建立了 OODA 功能模型（转引自[114]）。Smith[14]在网络中心战和基于效果作战环境下扩展了 OODA 回路，使之分布于物理域、信息域和认知域之内，包含了 NCW 环境下应对复杂军事行动的详细认知组件。Albert 等[4]提出仍可以将 C^4ISR 过程对应到 OODA 回路。

Rousseau 和 Breton 基于模块化结构提出了 M-OODA 模型[114-115]，描述了实现动态特性的基本原则。在 M-OODA 模型的基础上，集成了著名的态势感知 SA[116]和主识别决策模型 RPDM。他们又提出了 C-OODA 模型[117]，在人的认知尺度上进行了较为详细的描述。另外，考虑到决策的群体性，Rousseau 和 Breton 在其描述框架内又提出了 T-OODA 和 CT-OODA 等模型[114, 117]，使得他们的研究能够自成体系。

(2)控制论模型

军事对抗中多个作战单元间互相协作、调整以应对外部变化，这同工业控制过程类似，因此控制理论为军事对抗决策建模提供了一个很好的框架。许多学者将军事对抗决策视为信息处理过程，利用控制论模型为其提供恰当的表述形式。

Lawson 提出了军事对抗决策的控制论模型[118]。受行为学以及实验研究的启发，Wohl 提出了军事对抗决策的非线性 SHOR 模型，即刺激－假设－选择－反应模型(Stimulus-Hypothesis-Option-Response Model, SHORM)[119]。Brehmer 提出的 C^2 动态决策模型(Dynamic Decision Model of C2)[120]是另一类典型的控制论模型。毁伤链模型(Kill Chain Model)[121]由美国空军提出，用于描述发现、识别和处理运动目标的军事决策过程。20 世纪 80 年代，美军开发司令部高效评估工具(Headquarters Effectiveness Assessment Tool, HEAT)[122-123]研究决策运作。苏联倾向于采用控制论和认知科学相结合的方法，明确界定决策活动各个阶段的任务以及认知活动，苏俄模型[124-125]反映了苏联的作战决策特征：指挥员忠实于精心制定的作战计划，军事决策落实到选择正确的作战计划上[111]。

(3)基于认知的模型

近二十年来，决策领域又涌现出许多新的理论，特别值得关注的是自然决策理论，它深入到决策的认知层面，主要研究真实环境中具有压力的决策，可用于对战场环境中指挥员真实决策的分析。

主识别决策模型最早由倡导自然决策的 Gary Klein 提出，该模型强调基于模式识别的态势认知(SA)过程，此过程的目标是向指挥员提供对外部世界的理解；RPD 模型主要用于危急态势和时间紧急的情况，决策者没有充分的时间思考该选取哪种方案，通常采取最先想到的可行解。R/M 模型[126](Recognition and MetaCognition)在 RPD 模型基础上进行了修改，在全新态势情况下通过寻找缺陷和弱点以及结果评估(元认知)，增加了结果改进过程。以联合作战和多国快速反应部队构建为背景，美国海军研究办公室(Office of Naval Research)资助了协同和知识互用(Collaboration and Knowledge Interoperability)项目，旨在研究动态环境下团队决策中认知活动如何影响决策效果;该项目团队经过大量实验和实证研究,提出了团队协同中宏观认知过程的概念模型,即宏观认知(Macrocognition)模型[127-129]。加拿大国防研究与发展机构(DRDC)资深研究员Bryant[130-131]充分借鉴近半个世纪认知科学和决策科学研究的最新进展,提出了CECA(Critique-Explore-Compare-Adapt)模型以替代OODA,包括鉴定、探究、对比和适应四个阶段,强调面向目标的心智模型(Goal-Oriented Mental Model)在决策中的中心地位,除被动感知战场信息之外,还需要信息需求牵引的从上到下的主动信息收集策略(Top-Down Guidance of Perception)。

决策科学、认知科学和控制科学等学科领域的研究发展与相互交叉,为军事对抗决策提供了良好的建模框架和学科平台。随着战争观念的转变,军事对抗决策建模正处于变革之中,新老模型共存的局面体现出一些显著特征,也面临着新的挑战,具体表现在如下几个方面:(1)OODA模型是目前最为知名的军事对抗决策模型,它与其各种改进模型构成OODA族模型,仍在军事对抗决策建模研究中占据主导地位,对军事对抗决策思维影响也最为深远;(2)军事对抗决策模型大多被抽象成循环迭代的动态回路,具有序惯性和动态性;(3)控制科学是大部分模型的理论基础;(4)军事对抗决策建模需要更多的借鉴认知科学等其他学科的最新进展;(5)军事对抗决策建模需要综合集成各种决策范式;(6)军事对抗决策理论需要借鉴复杂性科学研究的最新成果。

1.2.3.3 面向复杂性的军事对抗决策

面向复杂性的军事对抗决策包含两部分内容:理解复杂性条件下的决策行为,为复杂性条件下的决策提供支持方法。

1988年,美国军舰“文斯号”(USS Vincennes)击落伊朗民航客机事故后,美军资助了“高压下的战术决策(Tactical Decision Making Under Stress, TADMUS)”研究计划[132],专门研究复杂性条件下的海军战术决策行为。该研究的成果是建立了继效用理论和前景理论之后的更具说服力的自然决策(Naturalistic Decision- Making,NDM)[133]理论。NDM研究人们如何在自然环境(时间压力、动态条件、模糊目标、不完全信息及团队协作)下利用经验进行决策,主要方法是通过观察、分析专家决策过程中的认知活动得到高效的决策程序。NDM逐渐形成了一个研究学派,代表性成果包括:镜像理论(Image Theory)[134]、主识别决策模型[135]、决策元模型(Mental Models)和图式理论(Schema Theory)[136]。

基于前景理论的启发式和偏差范式(Heuristics and Biases Paradigm,HBP)认

为，决策者应该按照理性选择模型(Rational-Choice Model，RCM)决策，但受有限理性和各种偏差限制，实际上按照各种启发式方法决策，可见其仍将 RCM 作为参考标准。自然主义范式(Naturalistic Paradigm，NP)已经彻底否定了 RCM 的标准地位，提出一套如 RPDM 等形式的决策模型，属于对决策行为的全新理解，而且 NP 确实对于文斯号指挥员的决策行为以及其他真实环境下的决策行为给出了恰当的解释。近年来，学者们提出，应该将各种决策范式综合起来解释或者执行[137]，代表性研究包括统一决策方法(Unified Decision Approach)[138]、决策权变理论(Contingency Theory of Decisionmaking)[139]、对偶过程理论(Dual-Process Theories)[140]、政策启发式决策理论(Poliheuristic Decisionmaking Theory)[141-142]等。

美国空军资助兰德公司开展项目"决策支持能力分析"[143-144]，提出在高级军事决策过程中，决策者需要有效应对不确定性，选取具有灵活性、适应性和鲁棒性(Flexible，Adaptive and Robust，FAR)的决策方案，并提出两种支持高级军事决策的方法。第一种是防御计划中使用的投资组合类思维和分析(Portfolio-Style Thinking and Analysis)方法，它提供了在选择方案过程中平衡风险和其他因素的机制。第二种是远景演习(Foresight Exercises)，该方法在处理不确定性过程中能够充分利用人的创造性。同时，该计划认为，研究关于 FAR 方案开发、构建和评估的方法，要利用复杂适应系统和系统动力学理论，不仅需要基于 Agent 模型等自底向上的方法，更需要自顶向下的综合性方法；另外，还需要充分利用人的创造性，采用诸如兵棋推演(War-Gaming)、远景演习、红色小组(Red-Teaming)和基于假设的计划(Assumption-Based Planning)等以人为中心的方法。

此外，文献[145]利用系统动力学系统基模描述动态军事对抗决策，应对环境的复杂性。Moffat 和 Witty[36]应用突变论建立军事对抗决策过程的数学模型，研究未来军事指挥应该具有的特征和功能以及未来司令部的结构。文献[146]中的对抗分析应用有限信息的博弈论理论框架描述军事冲突态势。文献[147]分析了编队对空防御决策的复杂性，提出了针对火力分配环交互特性的编队对空火力协调分配方法。文献[148]认为，驱护舰编队是一个复杂系统，其复杂性的成因包括，编队系统的层次与整体涌现性、边界与开放性及主体的智能性；提出驱护舰编队应对海上作战复杂性的措施包括挖掘编队系统的整体涌现能力、提高编队系统的开放水平和全面掌握、及时预测作战环境。为适应信息时代不断改变且难以预测的复杂战场环境，文献[149]针对舰艇编队协同决策问题的复杂性，提出系统模型与算法基础等解决问题的方案，运用自组织理论、进化算法和分类器学习方法，提出了具有自学习、自适应能力的舰艇编队协同作战的自组织决策模式及决策支持系统。

1.2.3.4 超博弈在军事对抗决策分析中的应用

超博弈是一种突破经典博弈论研究假设的软博弈方法，主要用于分析不确定性环境下的、共识知识和理性假设失效情况下的现实博弈问题。超博弈最早由英国学者 Bennett[150-152] 提出，并结合 1940 年纳粹德国攻陷法国的作战计划[150]解释了超博弈的相关理念和概念，定义了不同类型的超博弈。Fraser 和 Hipel[153-154]研究了超博弈的解的概念，Takahashi，Fraser 和 Hipel[155]基于前述研究提出了便于分析超博弈问题的方法，Wang 和 Hipel[156]进一步完善了超博弈解的概念。随着基本概念研究的深入，超博弈被广泛用于分析体育[157]、商业[158-159]、外交[160]、国际贸易[161]、电子商务[162]、服务科学[163-164]、组织理论[165]、水资源[166]和环境[167]等领域的冲突问题。

另外，超博弈被用于分析许多军事冲突中的决策问题，其中包括 1812 年英美战争[168]，1940 年法国沦陷[150]，1956 年苏伊士运河危机[169-170]，1973 年中东战争[171]，1982 年英阿马岛危机[172]，1990—1991 年波斯湾危机[173]，1991 年“沙漠风暴”作战计划[174]等。近年来，又有许多学者完善了超博弈理论方面的研究，包括混合策略扩充[175]、超博弈态势学习过程[176]、演化超博弈[177]、模糊参数超博弈集结[178]以及为解决各自领域问题需要而引入的各种均衡概念[164,174,179]。

上述研究表明，超博弈非常适合于分析现实情况下的军事冲突，能够弥补经典博弈论失效的缺陷，为现实情况下不确定性环境中的博弈问题提供了新的分析方法。但是，值得关注的是最近几年有关超博弈的研究非常有限，超博弈在现实冲突特别是军事冲突研究中的作用还有待发掘。

1.2.3.5 图模型在军事对抗决策分析中的应用

图模型是概率论与图论相结合的分析工具，以节点为变量，以边（或弧）表示变量之间的依赖关系，为复杂系统的研究提供了模块化的概念[180]，为描述不确定性和复杂性问题提供了一种直观自然的方法。采用图模型研究复杂问题优势明显，不仅能够可视化研究对象便于交流，而且其模块化结构能够通过分解和综合来分析处理复杂问题，其良好的底层数据结构非常便于计算机自动处理。

Pearl[181]提出的贝叶斯网络是一种基于网络结构的有向图，是人工智能、概率论、图论和决策理论相结合的产物，又称信念网络，是目前不确定性知识表达和推理领域的一种主要方法。史志富基于贝叶斯网络研究了无人作战飞机编队对地攻击智能决策[182]。Rosen 等[183]在贝叶斯网络和 CAST 逻辑(Causal Strengths Logic)的基础上提出了影响网络(Influence Net)用于描述作战行动和效果之间的因果关系。在此基础上,Haider 等[184-185]利用影响网络分析优化军事对抗决策方案序列。基于影响网络和 Petri 网,Wagenhals 等[186]开发了 CAESAR II/EB 用于 COA(Course of Action)的评估。Rafi 等[187]提出了 ATIN(Activation Timed Influence Net)模型用于对 COA 的描述与优化。

Howard 和 Matheson[188]提出的影响图作为对称决策树的紧凑表达,能够有效表达与评估带不确定性的复杂决策问题。Virtanen 等[189-192]利用动态影响图研究了一对一空战中的序贯决策问题,提供了最优飞行路线的生成方法。Brynielsson[193]利用影响图分析军事对抗态势,为指控决策提供支持。Pousi[194]运用多准则影响图对基于效果行动计划进行分析,为区域防空决策提供支持。董彦非等[195]也利用影响图理论研究了空战机动决策问题。吴江等[196]基于扩展影响图研究了超视距空战辅助决策方法。钟麟等[197]应用多级影响图研究了空战机动决策过程。赵新等[198]利用时间片影响图研究了舰艇编队区域防空决策问题。

1.2.4 现有研究存在的问题

经过最近二十年的研究,战争系统复杂性、基于复杂性的战争问题研究以及军事对抗决策研究都取得了较大的进展,但是在理论与实践中仍然存在一些问题,主要表现在以下几个方面。

(1)传统战争研究方法存在局限性[80]

传统战争研究方法虽然产生过许多重要成果,但是也存在明显的局限性:以传统还原论思想为基础的方法缺乏对战争系统复杂性的认识;以思辨理论研究为主的方法缺乏建立在实践基础上的实证研究;以战例型历史研究为主的方法缺乏对未来战争的探索性研究;以静态分析为主的方法缺乏对战争演化过程的动态性研究;以局部的单一分析为主的方法缺乏对战争全局的整体性研究。

(2)战争复杂性研究重现象轻机制

多数研究集中于应用复杂性理论中的概念去解释战争系统中的复杂性现象,而对战争系统复杂性的产生机制研究较少。例如运用混沌、非线性、自组织、涌现和复杂自适应等概念,从不同的视角分别描述或实证战争复杂系统某个或某些方面展现出的混沌、非线性、自组织、涌现和自适应等复杂性现象。但是总体而言,此类研究主要侧重于对战争复杂系统局部复杂性现象的解释,而系统地分析战争系统复杂性产生机理的研究仍比较少,目前还缺乏对战争复杂系统本质特征的系统分析,也缺乏对战争复杂系统中各类复杂性现象进行集成式分析的研究。

(3)在传统框架内研究军事对抗决策遭遇瓶颈

在经典决策论和经典博弈论等传统框架内研究军事对抗决策面临许多困境:功能分解越来越详细,造成模型的复杂度增加,可读性和可理解性急剧下降。模型的意义就在于让人们更好的理解事物,如果模型也如事物一样复杂,那也就失去存在的意义了。瑞典知名学者 Berndt Brehmer[109] 曾对此困境做出经典研判:"现在的局面就好像用托勒密的地心说解释天文现象般复杂,那只好等待我们的哥白尼了。"传统框架深受还原论影响,试图把现实中的决策问题搬到实验室中,这无法有效地认识和处理军事对抗决策系统的复杂性,束缚了研究的思维和视野。以还原论和确定论为依据的军事对抗决策理论,已经习惯于以单一的、因果的、线性的、机械决定论的思维方式,当面对空前复杂的信息化战场空间,仍然使用这种简单的方法和模式已经无法奏效了。

(4)军事对抗决策理论与实践脱节

许多军事对抗决策研究成果不仅难以解释现实军事冲突中指挥员的决策行为,更无法指导指挥员进行有效决策。在将理论研究的成果应用于决策实践时,实际的决策过程无法像理论预测的那样精确和完美,也无法达到研究者或决策者期望的目标和效果。效用决策理论虽然从方法技术角度无懈可击,但是其将人类认知心理的复杂性和多元性过于简化,人们逐渐认识到,精确无误的数学公式无法让指挥员在战场上按图索骥就会无往不胜。行为决策理论虽然注重实证和决策情境分析,但是其研究方法往往局限在问卷和实验室内部,实践证明,行为决策理论也无法有效分析现实中的决策行为。效用决策、行为决策和自然决策等决策研究范式存在隔阂,不同的研究范式采用的研究方法不同,对于"好"的决策的理解也不尽相同。目前,大多数研究仅采用一个研究范式,各个范式研究独立进行,少有多种范式集成的研究。

(5)超博弈在军事对抗决策研究中的作用未能充分展现

超博弈在分析(特别是事后分析)战争等冲突问题上体现出了其对现实问题的解释力,但是对于正在进行或者将要进行的决策问题的支持能力极其有限,主要原因在于对超博弈理论自身的研究在 21 世纪进展缓慢。作为一种修复经典理论缺陷的问题建构方法[199],超博弈应属于软运筹方法范畴,但是在 20 世纪 70 年代末、80 年代初超博弈概念问世后,从公开出版的文献来看,其仅在 80

年代掀起一股研究高潮,步入90年代特别是21世纪以来,研究文献极其有限,这种现象同三十年来软运筹理论、方法和应用的研究热潮似乎非常矛盾。究其原因,除去一部分原有研究者包括Bennett本人转入研究处理更加一般冲突问题的Drama理论[200-203]之外,还有一个重要原因在于超博弈到目前为止,理论层面的研究还仅停留在概念和理念上。除了对一些冲突问题进行事后分析少有其他重要进展,必须建立新的模型和方法对超博弈在新的角度的进行剖析,才能在理论和实践上更进一步。

(6)人的因素在军事对抗决策研究中的关注还有待加强

长期以来,为了减少经验决策的主观性、随意性、片面性和盲目性,人们热衷于强调科学决策的规范性、正确性和可论证性,忽视了人的因素在科学决策中的地位和作用。同样,在强调军事对抗决策要科学化和定量化的同时,没有将战争中最具复杂不确定性的人的因素给予应有的重视,缺乏充分考虑和深入研究。军事对抗决策具有自身的特点和规律,既要具备科学化和系统化的理论基础,又不能忽视人的因素在军事对抗中的突出作用。在认知科学、心理学、社会心理学和行为科学等学科快速发展的基础上,决策或博弈理论已经开始借鉴上述学科的研究成果弥补自身的理论缺陷。面向人因复杂性的军事对抗决策研究已经具备了良好的基础和丰富的研究成果,研究者应该把因抽象假设而简化了的"完全理性局中人",回归为具有决策心理特点和行为规律的"现实决策者"。

1.3 章节结构

综上所述,战争系统复杂性、基于复杂性的战争问题研究和军事对抗决策研究在理论与实践中仍存在一些问题。本书针对这些问题,特别是应用传统研究方法和经典框架时的局限性,着重从人因复杂性角度,将军事对抗决策视为一类特殊的人因复杂问题,研究不确定性环境下的军事对抗决策的分析、建模及应用。

本书共分为六章,各章节的结构关系如图1.2所示。第一章为绪论,第二章至第五章为主要研究内容,第六章为总结和展望。

第一章绪论主要介绍了研究背景和研究现状,明确了前人工作、现实需求和存在问题,简述了本书的研究工作和内容结构。

第二章建立了面向人因复杂性的军事对抗决策理论基础。辨析了复杂性、人因复杂性等基本概念，阐述了军事对抗决策的复杂性和人因复杂性，论证了军事对抗决策是一类典型的人因复杂问题，提出了人因复杂问题的求解框架，为全文研究奠定了概念和方法论基础。

第三章基于多主体影响图、博弈论和超博弈，分两阶段建立了面向人因复杂性的军事对抗决策的观念分析框架，该框架是对人因复杂问题求解框架的进一步具体化，明确了军事对抗决策的建模需求。

第四章针对现实军事对抗决策中共同知识和理性假设失效的情况，提出了用于描述超博弈问题的博弈网模型，将军事对抗决策过程等价为博弈网的建立与求解过程，建立了基于博弈网的军事对抗决策方法并作案例分析。

第五章提出了三种扩展型博弈网模型，建立了基于扩展型博弈网的军事对抗决策方法并作算例分析。

第六章对本书研究工作进行了总结，并对未来工作做了展望。

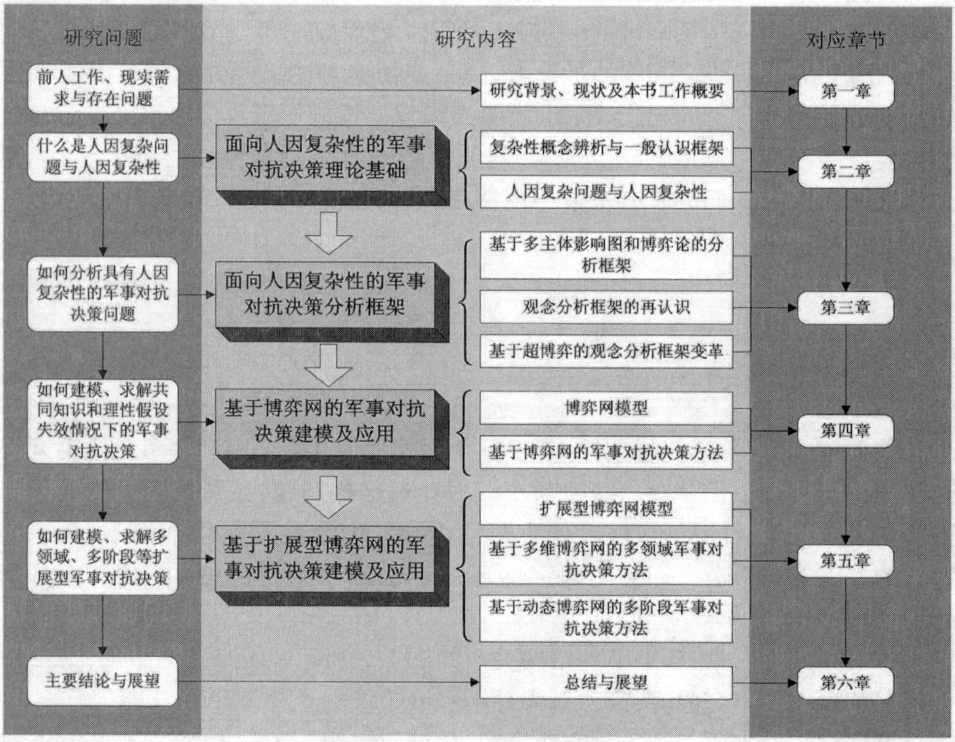

图 1.2　本书内容组织结构

1.3.1 研究内容

面向人因复杂性的军事对抗决策研究围绕军事复杂系统由“人”参与而产生的复杂性,以人因复杂性为特定视角系统深入地研究不确定性环境下的军事对抗决策。本书将军事对抗决策视为人因复杂问题,根据人因复杂问题的求解框架逐步深入研究军事对抗决策,引入多主体影响图、博弈论、超博弈以及博弈网等理论和技术对其进行分析和建模,研究工作主要包括如下四个部分内容。

(1)面向人因复杂性的军事对抗决策理论基础

复杂性、人因复杂性和人因复杂问题是本书研究涉及的核心概念,将军事对抗决策视为人因复杂问题研究是本书的创新性尝试。目前,对于作为复杂性科学研究基本问题的复杂性概念的认识观点差异极大,因此分析军事对抗决策复杂性的首要工作是对复杂性基本概念进行深入辨析,产生一般认识。在此基础上,系统地研究军事对抗决策复杂性的来源及其相互关系,有利于理解军事对抗决策方法面临的复杂性挑战。

作为本书的概念基础和方法论基础,本部分研究的几项内容依次展开,环环相扣。在引入新的复杂性概念体系的基础上,提出复杂性概念的一般认识框架,为复杂性概念自身及复杂问题求解方法等方面的学术研究和实践应用提供了认识论基准。在人因复杂性和人因复杂问题两个重要概念的基础上,逐步深入论述了“军事对抗决策是典型的人因复杂问题”这一核心命题,分析了军事对抗决策八个方面的复杂性特征以及它们同人因复杂性的联系。最后,建立了军事对抗决策等人因复杂问题的抽象求解框架,指出“从复杂到简单”须经过构建观念框架和变革观念框架两个步骤,并以建立数理模型方式为“变革观念框架”的效果提供了严谨的逻辑推理基础。

(2)面向人因复杂性的军事对抗决策分析框架

具有人因复杂性的决策问题在经济[92]、社会[93]和军事[94, 96]等许多领域中普遍存在,将具有人因复杂性的决策问题置于博弈论框架下研究,是目前大多数学者的处理方式,这有利于深刻理解此类决策问题的本质。在不确定性环境下,对于复杂决策态势的分析理解过程与求解过程往往是一致的[204]。要深刻地理解军事决策问题,分析决策者决策行为之间的依赖关系、特别是循环依赖关系尤为重要。多主体影响图[205-206]改进了传统的影响图模型,不仅可以分析含有多个决策主体的决策问题,其图结构诱导的关联图还可以简洁有效地描述不同决策主体决策变量间的循环依赖关系。多主体影响图描述的决策问题等价于经典博弈论问题,这与现实中的军事对抗活动建模需求仍存在一定差距,进一步引入超博弈描述、解释和预测不确定性环境下的军事对抗决策。多主体影响图建模军事对抗决策,其结构诱导的关联图中的各个完全子图对应于军事对抗中的各个超博弈问题,为后续研究界定了范围。

本部分研究内容作为人因复杂问题求解框架的进一步具体化,用超博弈替代基于多主体影响图和博弈论的分析框架中的经典博弈论部分,进而产生观念框架变革,最终得到基于多主体影响图和超博弈的军事对抗决策分析框架,具体呈现了人因复杂问题求解框架中“从复杂到简单”的两个关键环节:构建观念框架和变革观念框架。

(3)基于博弈网的军事对抗决策建模与应用

本部分研究内容主要围绕超博弈的图形描述模型——博弈网展开,博弈网模型能够直观、简洁地建模超博弈问题的基本特征,并且博弈网模型自身的性质还能揭示超博弈问题的一些深刻特征。系统讨论了博弈网的定义、解析表达,并用两个实例展示了博弈网模型的建模效果。在引入单方博弈网的基础上,定义信念映射算子,证明了“单方博弈网是博弈网在某个局中人信念下的映射”,讨论了博弈网的信念结构。定义了博弈网的两种形式的解的概念,分别是理论意义上的均衡解和实际情况下的优化解。最后明确了采用博弈网建模超博弈问题的基本流程。

在博弈网模型的基础上,研究了基于博弈网的军事对抗决策的建模及应用。基于博弈网的军事对抗决策方法引入了不确定性和有限理性的处理机制。将军事对抗决策过程等价为某个局中人作为决策者的单方博弈网的建立、修正和求解过程。详细讨论新方法的基本流程,并用“左勾拳”和“镰割”等两个战史上赫赫有名的军事计划展示新方法的可行性、有效性和实用性。

(4)基于扩展型博弈网的军事对抗决策建模与应用

现实中的军事对抗决策问题往往具有多领域、多阶段、多层次、多目标和多属性等一般性特征,为研究这些扩展型的军事对抗决策问题,并将已有研究推向实用,必须对已有研究成果进一步推广。本部分研究内容在已有研究基础上,进一步提出三种扩展型博弈网模型,以增强其对一般问题的描述和建模功能。在扩展型博弈网模型的基础上,将基于博弈网的军事对抗决策方法进行扩展使之适合相应的决策问题。首先界定了多维、动态和层次等三类超博弈问题,进而分别定义多维、动态和层次博弈网等三种扩展型博弈网模型。然后,以多领域和多阶段军事对抗决策问题为例,将其描述为决策者参与的扩展型超博弈问题,分别建立相应的扩展型博弈网模型。遵循前文的思路,将两类扩展型军事对抗决策问题的求解转化为扩展型博弈网模型的建立与求解过程。扩展型博弈网求解的基本思想是经过相关处理,将其转化为简单博弈网模型。最后,算例分析展示了基于扩展型博弈网的军事对抗决策方法的可行性、有效性和实用性。

1.3.2 创新点

本书工作的创新之处主要体现在如下四个方面。

(1)提出复杂性概念一般认识框架并建立了人因复杂问题的求解框架

复杂性、人因复杂性和人因复杂问题是本书研究的概念基础,人因复杂问题求解框架是后文问题研究的需求分析、认识和解决途径的方向性指导,为后文研究奠定了方法论基础。在引入新的复杂性概念体系基础上,提出复杂性概念的一般认识框架,为复杂性概念自身以及复杂问题求解方法等方面的学术研究和实践应用提供了认识论基准。在人因复杂性、人因复杂问题两个重要概念的基础上,逐步深入论述了"军事对抗决策是典型的人因复杂问题"这一核心命题,分析了军事对抗决策八个方面的复杂性特征以及它们同人因复杂性的联系。最后,建立了军事对抗决策等人因复杂问题的抽象求解框架,指出"从复杂到简单"须经过构建观念框架和变革观念框架两个步骤,并以建立数理模型方式为"变革观念框架"的效果提供了严谨的逻辑推理基础。

(2)构建了面向人因复杂性的军事对抗决策分析框架

面向人因复杂性的军事对抗决策的观念分析框架,为描述和理解现实中的军事对抗决策行为提供了全新的视角。观念分析框架的构建分为两个阶段,首先将军事对抗决策置于博弈论框架下,将其描述为多主体影响图,根据多主体影响图结构诱导的关联图可以有效地识别不同决策者决策行为的依赖关系,能够直观地分析人因复杂性本质特征的决策行为循环依赖性;其次,针对现实中不确定性环境下的军事对抗决策的具体复杂性特点,分析了经典博弈论处理现实军事对抗决策的局限性,对基于多主体影响图和博弈论的分析框架进行了反思,提出利用超博弈替代经典博弈论应对现实中理性和共同知识假设失效的困境,经过变革进一步建立了基于多主体影响图和超博弈的军事对抗决策观念分析框架。观念分析框架的研究遵循人因复杂问题求解框架的基本思路,研究结论进一步印证了该求解框架的指导性和有效性。

(3)提出了博弈网模型

博弈网模型是对超博弈问题进行描述的图模型,能够恰当地反映超博弈的基本特征,为"进入竞争对手的头脑中"提供了可行途径。本书系统地讨论了博弈网的定义、解析表达,并用两个实例展示了博弈网模型的建模效果。在引入单方博弈网的基础上,定义了信念映射算子,证明了“单方博弈网是博弈网在某个局中人信念下的映射”,讨论了博弈网的信念结构;定义了博弈网的两种形式的解的概念,分别是理论意义上的均衡解和实际情况下的优化解。最后明确了采用博弈网建模超博弈问题的基本流程。在此基础上,对具有多维、动态和层次三种特征的超博弈问题进行了界定,进而分别研究了多维、动态和层次博弈网模型。博弈网模型的引入有效应对了军事对抗决策过程中局中人的有限理性和决策过程的不确定性,是建模人因复杂问题的强有力的工具。

(4)建立了基于博弈网的军事对抗决策方法

基于博弈网的军事对抗决策方法提供了不确定性和有限理性的处理机制。将军事对抗决策过程等价为某个局中人作为决策者的单方博弈网的建立、修正和求解过程。本书构建了新方法的基本流程,并用“左勾拳”和“镰割”等两个战史上赫赫有名的军事计划说明了新方法的可行性、有效性和实用性。进一步将具有多维和动态特征的军事对抗决策问题的求解抽象为扩展型博弈网模型的建立和求解过程,建立了面向更加一般性问题的军事对抗决策方法。扩展型博弈网求解的基本思路是将其转化为简单博弈网模型,然后采用基于简单博弈网的方法讨论它们的均衡解和优化解。将基于博弈网的军事对抗决策方法进一步推向实用,使其兼具理论价值和实践意义。基于博弈网的军事对抗决策方法为过去完全属于指挥艺术的谋略领域的研究提供了定量分析手段,为军事对抗中的突然性、佯动以及欺骗现象等的研究提供了有效分析途径,进一步促进了军事对抗决策的规范化、科学化、系统化和定量化。

1.3.3 研究意义

面向人因复杂性的军事对抗决策研究的具体含义体现在两个方面:一是把军事对抗决策视做一类人因复杂问题;二是把处理人因复杂问题的相关复杂性理论与方法应用于军事对抗决策。通过把复杂性思维和人因复杂问题理论运用于军事对抗决策领域,一方面拓展复杂性研究领域,检验人因复杂问题求解框架;另一方面,力图使现有的军事对抗决策理论研究有所突破,建立面向人因复杂性的军事对抗决策理论。

面向人因复杂性的军事对抗决策研究具有重要的理论价值。深入分析人因复杂问题的特点及其求解的理论框架,探索此类复杂决策问题的求解方法。基于复杂性和决策科学的最新进展,对军事对抗决策问题的复杂性进行分析,指出现有军事对抗决策理论面临困难的原因,为这些理论的进一步发展指明方向。通过本书研究,为复杂性研究提供了一个具体的问题领域,在复杂性方面产生新认识;为人因复杂问题的研究提供一个可以应用、检验的现实领域,在人因复杂问题的研究上产生新的认识。用人因复杂性理论研究军事对抗决策,增强了现有研究所依赖的学科背景,为军事对抗决策理论研究带来新的视野、新的认识和新的探索途径,力图在军事对抗决策理论方面产生新的认识,并由此可能产生新的理论方法。由于把复杂性思维和人因复杂问题研究结合到军事对抗决策理论与实践,能同时开阔复杂性思维、人因复杂问题和军事对抗决策的研究领域和视野。

面向人因复杂性的军事对抗决策研究具有重要的实践意义。由于引入复杂性认识,在军事对抗决策训练与实践中决策者的认识思维和视野得到开阔。通过提出面向人因复杂性的军事对抗决策分析与建模,为人因复杂问题求解研究提供了检验的实践场所。面向人因复杂性的军事对抗决策模型和方法的提出及建立,并不断在实践中完善,有助于大量的人因复杂问题得到有效的解决。面向人因复杂性的军事对抗决策模型和方法的构建思维,对我国军事训练、国防建设以及在未来军事斗争中建立决策优势具有一定的指导意义。

第二章　面向人因复杂性的军事对抗决策理论基础

本章首先讨论复杂性、人因复杂性、人因复杂问题等几个基本概念的深刻含义，为后文研究奠定了基础。在对军事对抗决策的复杂性进行深入分析之后，逐步论述"军事对抗决策是典型的人因复杂问题"这一核心命题。其次，提出了一个求解军事对抗决策等人因复杂问题的抽象框架。最后，利用本章结论指明了研究的总体思路。

2.1　复杂性概念辨析与一般认识框架

复杂性概念的认识属于复杂性科学研究的基本问题，然而当前学界有关此概念含义的认识观点差异极大。本节以一些复杂性知名观点精髓为框架基础，对一系列基础概念进行深刻辨析，引入一个新的复杂性概念体系，进而建立复杂性概念一般认识框架，为复杂性概念自身以及复杂问题求解方法等方面的学术研究和实践应用提供认识论基准。

2.1.1　复杂性概念辨析

一般认为复杂性科学的研究是伴随着系统科学研究发展起来的，是系统科学研究进入到的一个新阶段，其研究对象、研究方式与系统科学一脉相承[207-208]。20世纪80年代，"复杂性"开始作为一个独立的研究对象引起广泛关注，复杂性科学逐渐形成一个新的学科领域，学者们试图摆脱还原论的研究方法，建立一套更加科学有效的科学和方法论体系。下面着重对"复杂性"这一概念的含义进行阐述。

2.1.1.1　复杂性释义

在《辞海》中,“复杂”解释为:“事物的种类、头绪等多而杂乱,问题复杂;在系统论中,同‘简单’相对,表征事物或系统的组织水平的范畴,指事物或系统的多因素性、多层次性、多变性以及相互作用形成的整体行为和演化。一般认为,非线性、不确定性、不稳定性等是复杂性的根源。”在《牛津高级英汉双解词典》中,“Complex”解释为:由密切联系的部分组成的,联合的,复合的;(因有很多部分)难于理解或解释的。该词典对“Complexity”解释为:错综复杂的状态,复杂的事物。《大英百科全书》中关于“复杂性”列举了八种特征:不可预测性、连通性、非集中控制性、不可分解性、奇异性、不稳定性、不可计算性以及涌现性。(转引自文献[209])

对于复杂性概念的认识是复杂性科学研究中的基本问题,许多概念和问题都归结到复杂性的定义方式和度量方法上[210]。人们普遍认识到复杂性这个概念的深刻性和普遍性,各个学科领域的学者也都对复杂性进行了界定,然而各种观点却是见仁见智,纷争异呈。例如,Simon[211]认为,“复杂性是现实世界的特征”;Morin[212]认为,“复杂性是辩证法的同一”;Gallagher 和 Appenzeller[213]认为,“复杂性是与还原性对立的一种属性”;Langton[214]认为,“复杂性是混沌边缘”;Holland[215]认为,“复杂性是环境适应性”;钱学森[15]认为,SFI(Santa Fe Institute,圣塔菲研究所)学者所研究的“复杂性”是“系统的动力学特征”;许国志等[216]认为,复杂性“是‘耗散结构’‘协同’‘超循环’等的自组织特征”。另外,还有颜泽贤[217]、苗东升[218]、吴彤[219]和张彩江[220]等国内学者都对复杂性有较独特的见解。

关于“复杂性”的概念,据 MIT(Massachusetts Institute of Technology,麻省理工学院)的 Lloyd 统计至少有 45 种之多,其中大多数都是以计算学和信息学为尺度的,还有按熵、分维、语法以及按体系作为尺度的[221]。加拿大国防研究与发展机构(Defence Research Development Canada, DRDC)研究人员又将上述数字更新为 64[222],同时收集了与复杂性研究密切相关的 335 条关键词[223]、471 种学术文献以及 713 个网络链接[224]。可见复杂性科学的研究引起了国内外学者的广泛关注。然而对于“复杂性”这样一个基本概念仍见仁见智,纷争异呈,Horgan[225]称此局面为“走向困惑”。以上研究表明,目前学术界对复杂性的定义存在不同的理解,复杂性与复杂系统问题的概念基础研究亟须加强。对复杂性概念与问题本质进行深层次的研究,建立一种能够包容一些主要观点精髓的认识框架,将是一种有意义的尝试。

2.1.1.2 基础概念辨析

复杂性现象普遍存在、深入人心，来自不同学科领域的学者从各自关注的角度出发研究"复杂性"现象，形成关于复杂性概念的多种不同认识。各种复杂性概念认识差异很大，为了深入研究，首先要明确同复杂性概念密切相关的一些基础概念的内涵和外延。文献[88-89, 226]针对这些基础概念进行了深入辨析，现列举如下。

(1)解释世界型复杂性概念

一些复杂性的研究从理解世界、解释世界以及描述世界等角度出发，经常提及"某系统的复杂性"，而很少明确指出其研究所关注的角度。例如普利高津的耗散结构理论、哈肯的协同学、托姆的突变论、艾根的超循环理论、巴克的自组织临界态理论以及美国的研究流派(如系统动力学、混沌理论、复杂适应系统理论及分形理论)，等等。应用上述理论解释和描述生命科学[227]、物理学[228]、化学[229]、生物学[230]、神经科学[231]、动物学[232]、气象学[233]、地理学[234]以及经济[235]、金融[236]、管理[237]等领域的复杂性现象。此类复杂性研究大多属于对复杂性的外在感性认识，多是对复杂性现象的描述和解释，很少涉及复杂性深层次上的产生机制。

注意到，对于由物质世界构成的系统(或以物质世界为基础构成的系统)，永远可以从新的、以往从来不曾关注过的角度进行观察和分析，从而可以呈现出完全不同的特征，导致利用语言、文字等形式对一个物质系统进行描述，总是从某个角度进行的，不可能全面彻底。按此方式理解，任何物质系统都是无限复杂的，对物质系统的认识总是暂时的、局部的，永远可以从新的视角产生新的认识。

(2)物质世界与观念世界

对物质世界的认识是在研究者的观念世界中进行的。任何一点认识都是建立在从一定角度观察物质世界的基础上，都与研究者所关心的问题有关，通常是用语言、文字等形式进行表达和逻辑思维的。这些认识是人们的"观念"附加于物质世界的内容，从而将物质世界不完全映射到观念世界中，这种不完全映射就是研究者对物质世界的"观念"化。"观念"化越彻底，就越与物质世界之丰富多样性相差越远，越来越成为"观念化"甚至"概念化"的世界。只有彻底概念化的世界(系统)才能被彻底、完整、严格地描述，才可能是"结构化"或"简单"的。"物质世界"与"观念世界"本身是对立的，研究者能够对物质世界进行观念化，从而映射成为观念世界中的一部分。随着研究的深入，人们对物质世界的观念建构越来越彻底，最后产生人们自认为可能完全替代物质世界的观念产物。

(3)相对真理与绝对真理

物质世界中不存在绝对真理,原因在于:对物质世界的了解不可能是全面的、彻底的,所有真理都是用语言、文字等形式表述的。在研究物质世界的过程中,不断地在观念世界中为之添加各种描述和概念,而这些描述和概念是不完全的,不能够完全反映真实物质世界之丰富多样性,仅是对它的逐步观念化和概念化。只有对一个物质系统彻底概念化之后才可能形成绝对真理。然而,只有在观念世界中才存在这种全面的、彻底的描述。人们能够获得的是,针对物质世界的相对真理和针对观念世界的绝对真理。例如,牛顿力学是牛顿时空观下的绝对真理,但它只是物质世界中的相对真理。

判别一种理论是否是观念世界中的绝对真理,可以运用形式逻辑等方式进行。判别观念世界中的绝对真理是否仍是物质世界中的相对真理则相当困难,这需要考察对物质世界进行观念化的过程中附加的各种描述、观念和概念是否符合人们提出问题的初衷,以及在这种观念世界的演绎与研究中所得出的结论是否有利于解决物质世界中的相应问题。由于物质世界的无限多样性,且属于语言文字表述之前的世界,在形式逻辑范畴内上述工作只能不完全地进行,因此单纯形式逻辑是不足的。要判定物质世界中的相对真理,唯一的、根本的标准就是实践。如果一种理论对物质世界的描述、解释和改造等符合人们的初衷,这种理论就是物质世界中的相对真理。

(4)观念化

观念世界是从某个视角对物质世界进行观察、思考和采用语言、文字等形式表述的结果,是研究物质世界不可缺少的。因此应该采用"依我们看来,世界是什么样的"之类的表述,而尽量少用或避免采用"世界本来就是什么样的"。这种做法的好处之一就是时时提醒人们,观念世界与物质世界是存在差别的。当这种差别从特定的视角观察造成本质性偏差时,必须修正和改造观念世界以适应从这个视角来观察物质世界。

对物质世界的观念化是问题研究必不可少的一环,然而观念化的结果并不是唯一的,过程也并不是一次性的。误将现有的或现在所约定的观念世界当成物质世界本身,而忘记了二者的差异,忘记了观念世界中的观念需要审慎对待,可能需要反思和改造,是问题研究中的陷阱。物质世界按其固有的规律运行,人们坚信不疑的理论有可能仅是"人的理性为自然立法",认识到的规律不见得等同于物质世界的客观规律,充其量是客观规律的不完全认知产物。所有的"决策""行动""决策准则""利益""应该"和"不应该"之类都只存在于观念世界,都与人们的观念有关。从改造世界的角度来看,研究的目的就是解决特定问题,就是决策与行动,并使人们的决策与行动对物质世界的改造符合研究者的初衷。

(5)解释世界与改造世界

学术研究要解决理解世界、描述世界以及解释世界的问题,这是改造世界的基础。理解世界、描述世界以及解释世界是永无止境的,研究更应注重于改造世界。每一项研究要能用于改造物质世界,必须是能“完成”的,要“有始有终”,可行的途径是“工程化”。工程化还包括规范化的流程及方法等便于操作、实施与检验,从而降低完成工程的难度。所以,这里强调复杂性研究要“从复杂到简单”。

从“改造世界”的角度看,应将完成一项工程或解决一个问题的工作量作为衡量其复杂性(复杂度)的基础。上述观点同结构复杂性[238]与描述复杂性[239],特别是计算复杂性[240]相比有根本的不同。复杂性的定义不应该仅是针对物质系统的,还应该是针对“问题”的。问题包括其所处的物质世界以及研究者的观念世界下对该问题的映射结果,问题求解包括如下几项工作:对该问题所涉及的物质世界的观念化,在观念世界中对该问题的重新描述,进而就新描述的问题提出决策和行动方案,最后将决策和行动方案作用于物质世界;必要时,上述几个步骤需要循环迭代。而问题的解决效果就是按这些方式决策和行动对物质世界改造的结果与研究者初衷一致的程度。问题的解决代价(复杂度)就是完成上述循环所需花费的人力、物力、财力和时间等资源的数量。然而,结构复杂性、描述复杂性和计算复杂性仅关注上述问题求解循环中的某个或某些步骤。例如,计算复杂性一般是衡量求解问题所消耗的资源,并不关心问题建构阶段的资源消耗,本书强调对复杂性的定义应该包括问题求解闭环全过程的度量。

问题求解的一个重要环节是寻找产生决策方案的方法,这种方法与解决效果以及消耗的资源密切相关。因此,问题的复杂性还必定与解决该问题的特定方法相联系。

(6)问题求解的概念

按照通常的理解,问题求解可以用图 2.1 来表示,其中输入包括物质世界系统,问题由输入以及评价准则确定,输出包括决策和行动等。另外,还要考虑到评价结果对方法与输出的反馈作用,而完整的求解方法是虚框全部。

按照上文所述,问题的提出和求解是在观念世界中进行的,而效果评价离不开物质世界,可将图 2.1 进一步扩充为图 2.2。如果承认观念世界与物质世界间存在差异,那么就应该承认从所关心问题的视角来看,作为研究基础的观念世界中的表述,可能与物质世界存在不可忽视的差异,问题的表述、输入与问题的初衷之间也可能存在不可忽视的差异。而这些差异可能会导致决策和行动作用于物质世界时产生的效果并非预期。于是研究者必须适时地对输入、观念世界以及问题等进行反思,这是非常困难的,但也是问题求解中最重要的工作。

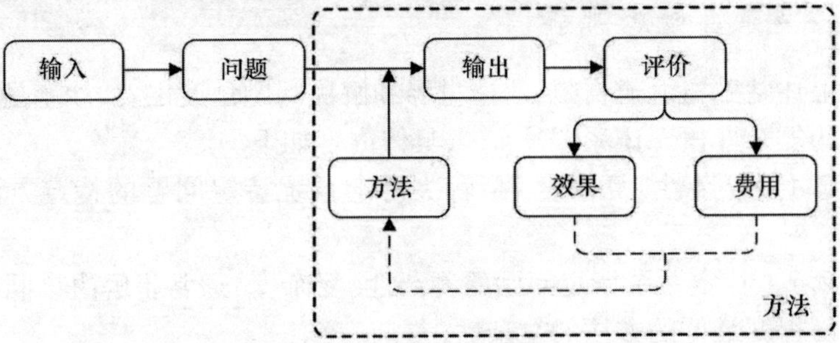

图 2.1　通常意义下的问题求解

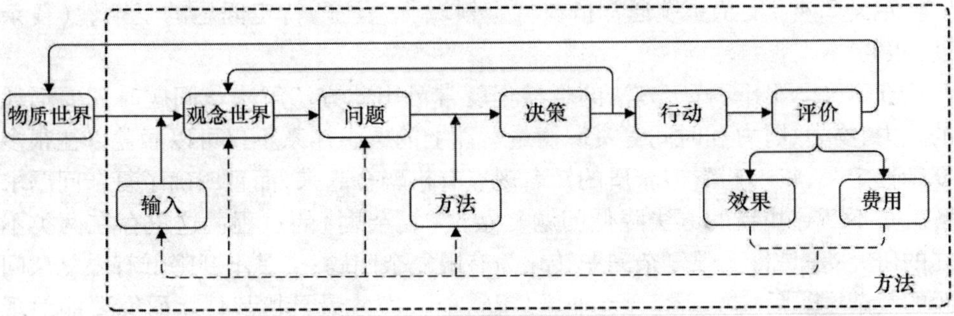

图 2.2　带反馈的问题求解

按照上述观点,复杂性是针对问题和方法的。对于同一个物质系统,不同的研究有不同的角度,不同角度的问题得出的结论并不一样。例如在研究历法时,地球是简单的,甚至可以简化为刚体或质点。然而在研究地球上的生态系统时,地球就是极其复杂的。因此可以用"复杂问题"来代替"复杂系统",当采用"复杂系统"这一名词时至少指定了三个范畴:系统、环境以及研究关注的角度,这三者合在一起用"复杂问题"表示更为准确,也容易避免误解。

问题可能存在解决方法。当这种方法还不为人知时,称此问题是无限复杂的。当一种可行的解决方法被人们认识到,问题就不再是无限复杂的,而是有限复杂的或简单的。不同有限复杂问题解决方法的难易程度有时也可以比较,一个问题的解决方法也不是一成不变的。随着科学发展和技术进步,对一个问题可以从没有解决方法到有解决方法,从相对复杂的解决方法到更为简便的解决方法。例如在发现三次代数方程求根公式前,求解三次代数方程曾经是很复杂的,而现在却非常简单。

2.1.1.3 复杂性概念体系

结合上述基础概念辨析,从改造世界和解决问题角度出发,沙基昌教授提出了一种新的复杂性概念体系[88-89,226],具体内容如下。

定义 2.1 复杂性(复杂度)是解决特定系统特定问题的特定方法的难易程度。

定义 2.2 特定系统特定问题的复杂性(复杂度)通常指解决该问题的已知方法中难易程度最低的方法的复杂性(复杂度)。

定义 2.3 系统的复杂性(复杂度)通常指在特定领域公认的问题的复杂性(复杂度)。

定义 2.4 复杂系统通常指在特定领域所关注的特定问题的复杂性(复杂度)很高。

在定义2.1中,特定方法的难易程度常可用此方法解决该问题时需要消耗的人力、物力、财力和时间等资源衡量。以上的概念体系不仅可以涵盖以往很多复杂性定义,将一些看似矛盾的知名观点有机融合起来,而且明确了复杂问题求解就是不断寻找新的方法降低问题复杂性(复杂度)的过程。这里存在两类不同的研究:一是将无限复杂问题转化为有限复杂问题;二是不断降低有限复杂问题的复杂度。后一类研究已经非常广泛,前一类才最具挑战性。研究要能对现实世界起到作用,必须在有限资源条件下完成,即必须转化为有限复杂问题。

2.1.2 复杂性概念一般认识框架

2.1.2.1 一般认识框架

目前,各研究流派对复杂性的定义和理解千差万别,研究的内容和表述方法多样纷杂,一个重要原因是他们探索复杂性的视野和站的高度存在差异[241],有的学者(Morin、钱学森等)就几乎站在系统论的高度审视复杂性层次上,有的学者(Simon、Cramer 等)是站在系统学层次上,还有学者(Holland、Langton 等 SFI 学者)则几乎站在更低的层次甚至是"工程技术"层次来洞察复杂性的。前提与立论基准的不同必然导致研究观点的分歧与争论,必须对复杂性概念进行深入辨析,进而产生一些一般认识,才有可能对目前复杂性研究的争议和冲突给予更合理的解释。

任何物质世界中的系统都是无限复杂系统，对物质世界系统的认识总是暂时的和局部的，永远可以有新的认识。物质世界系统经过观念化可以映射到观念世界中的复杂问题。在此过程中，物质世界系统、环境连同研究所关注的角度经观念化映射为复杂问题，这里无限复杂系统可以直接映射为有限复杂问题，也可能仍属于无限复杂问题。无限复杂问题到有限复杂问题的转化途径是观念框架的转变或者方法变革。以上过程沟通了物质世界和观念世界，提供了无限复杂向有限复杂的转化途径，如图 2.3 所示，形成了复杂性概念的一般认识框架，涵盖了复杂性研究的一些知名观点的精髓。

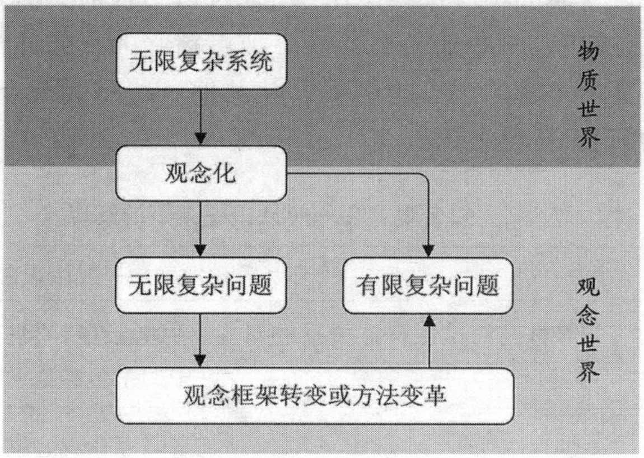

图 2.3　复杂性概念的一般认识框架

2.1.2.2　复杂性概念的矛盾观点举例

研究者从不同的角度和学科领域出发，对复杂性概念的认识互不相同甚至相互矛盾。许多关于复杂性概念、定义或认识的观点表面上似乎是矛盾的，在引入前述概念体系之后，可以对其构建一般认识，将这些知名学者的重要观点有机融合在一起，能够对目前复杂性研究的差异化和理论的相互冲突给予更合理的解释。

例如，关于对复杂性和简单性辩证关系的认识问题，就存在三种截然不同的观点[241]，这里不妨称作对立观点、连续观点和平行观点。持对立观点的学者认为，复杂性和简单性是事物的两极，是相互对立的；一个事物要么是复杂性的，要么是简单性的，复杂性和简单性都是客观的，是事物的属性，即使人们认识了事物,事物仍是复杂性的。Morin[212]和苗东升[221]等学者旗帜鲜明地持有此类观点。持连续观点的学者认为,复杂性和简单性主要是人们的认识问题,是主观的,一旦人们认识了事物,事物就会由复杂变为简单,存在复杂度问题。Cramer[242],Simon[211],Warfield[243-244],SFI 学者和郝柏林[245]等学者都不同程度地持有这种观点。持平行观点的学者认为复杂性和简单性是事物一个属性的两个侧面,复杂性和简单性相互包含,一个事物既是复杂的,又是简单的。平行观点同连续观点有些类似,但不完全相同。

2.1.2.3 知名观点在一般认识框架下的解释

通过对复杂性概念的本质进行深层次的辨析,结合前文引入的复杂性概念体系,可以建立能够包容一些知名学者重要观点精髓的复杂性概念一般认识框架。下面结合上文所举矛盾观点的例子以及其他一些重要观点,分析它们在一般认识框架下的解释,详见表 2.1。

表 2.1　知名观点在一般认识框架下的解释

学者	观点	一般认识框架下的解释
Morin,苗东升	复杂性与简单性辩证关系的对立观点	着眼点在物质世界,任何物质世界中的系统都是无限复杂系统
Cramer,Simon,Warfield,SFI 学者,郝柏林	复杂性与简单性辩证关系的连续观点	着眼点在观念世界,通过观念框架的转变或者求解方法的改进,可以将无限复杂问题转化为有限复杂问题,有限复杂问题的复杂度可进一步降低
Cramer	亚临界复杂性,是指系统表面复杂但可以(在数学上)加以简化时呈现,呈现亚临界复杂性的系统是严格确定的,允许精确地测定;临界复杂性,即在复杂性的临界处,开始涌现某些新结构;根本复杂性,系统有着不确定解或混沌解,即使初始条件是确定的,这时的系统也是根本复杂的,无法进行预测	物质世界中的无限复杂系统经观念化可映射到观念世界中的无限复杂问题或有限复杂问题,通过观念框架的转变或者求解方法的改进,无限复杂问题可以转化为有限复杂问题,有限复杂问题的复杂度可进一步降低

（续表）

学者	观点	一般认识框架下的解释
Morin	复杂性不是一个解释一切的起主导作用的词，而是一个起警醒作用的词，它促使我们去探索一切；复杂思维是用有序的原则、规律、算法、确定性、明确的概念武装起来在迷雾、不确定性、模糊性、不可表达性、不可制定性中进行探索的思维	任何物质世界系统都是无限复杂系统，对物质系统的认识总是暂时的、局部的，永远可以有新的认识；观念世界从某一个视角对物质世界进行观察、思考和采用语言、文字形式表述，观念化试图将无限复杂系统映射为复杂问题，最终获取复杂度适中的有限复杂问题
Gallagher，Appenzeller	复杂性是与还原性对立的一种属性	无限复杂到有限复杂的两种途径：无限物质系统到无限复杂问题的观念化，以及观念框架或求解方法的转变而使得无限复杂问题向有限复杂问题转化，这两个过程都是还原论方法无法做到的
钱学森	SFI 学者对复杂性的研究，实际上是开放的复杂巨系统的动力学问题	着眼点在物质世界，任何物质世界中的系统都是无限复杂的
	凡是不能用还原论方法处理的或不宜用还原论方法处理的问题，而是要用和宜用新的科学方法处理的问题，都是复杂性问题	从物质世界的无限复杂系统到观念世界中的无限（有限）复杂问题，或者无限复杂问题向有限复杂问题的转化是无法用还原论方法处理的
Simon	复杂性是现实世界的特征	着眼点在物质世界，任何物质世界中的系统都是无限复杂的
Warfield	情景复杂性，即问题所处的环境的复杂性，又称客观复杂性	着眼点在物质世界的描述
	认知复杂性，对问题认知的主体——人的认识复杂性，又称主观复杂性	着眼点在观念世界的描述

（续表）

学者	观点	一般认识框架下的解释
Rescher	本体论意义上的复杂性，包括成分（构成、分类）复杂性、结构（组织、分层）复杂性、功能（操作、普遍）复杂性	着眼点在物质世界的描述
	认识论意义上的复杂性，主要指形式复杂性，可分为描述、生成和计算复杂性	着眼点在观念世界的描述
	我们生活的世界就是一个巨大的复杂性系统——它复杂到自然的复杂性就是无穷无尽；我们绝不可能建立一个完全的关于真实事物的详细事实清单，关于它们的描述总是不完全的；我们的实在概念必定也是要被视为临时的和受制于变化的；科学只是在极其复杂性中提供了实在的不完美图景，认识不当和管理不善可能把简单的主题处理得更复杂	任何物质世界中的系统都是无限复杂系统，对物质系统的认识总是暂时的、局部的、不完全的，永远可以有新的认识；物质世界中的无限复杂系统经观念化可映射到观念世界中的无限复杂问题或有限复杂问题，通过观念框架的转变或者求解方法的改进，无限复杂问题可以转化为有限复杂问题，有限复杂问题的复杂度可进一步降低

观点的争论与认识的差异，表明了复杂性科学作为一门学科还不成熟。本节针对复杂性科学基本概念的“复杂性”一词进行深入辨析，提出对于复杂性的关注应该区分物质世界与观念世界，复杂性取决于人们关注的问题，取决于问题的求解方法，取决于采用特定方法解决该问题时需要消耗的人力、物力、财力和时间等资源。遵循上述理念，基于改造世界与解决问题的宗旨，本节引入了一种复杂性概念体系，并构建了复杂性概念的一般认识框架，将原本矛盾的知名观点有机融合在一起。本节研究拓展了理解世界、解释世界以及描述世界的思路，立足改造世界，为探索复杂问题求解方法及方法论提供了新的认识论基准。

2.2　人因复杂问题与人因复杂性

2.2.1　概念及特点

首先界定复杂问题与简单问题。本书约定在当前技术条件下，必须由人参与完成求解且耗费资源量较大的问题为复杂问题，而可以通过技术手段（如计算机等）独立完成且耗费资源较少的问题为简单问题。根据前文内容，复杂问题在科学发展和技术进步（观念系统变革）的情况下可以转化为简单问题。例如，早期的电话通信系统必须由话务员人工转接才能完成通话任务，而现代电话通信系统通过计算机程序控制呼叫转接等，代替了原来必须由话务员完成的任务，可以说在现代电话通信系统上可以完全脱离人工完成通话任务，这是复杂问题经过技术改进向简单问题转化的典型案例。

2.2.1.1　人因复杂问题

实践中经常遇到这样一类问题，包含两个或多个局中人，对每个局中人决策的正确性与合理性判断依赖于未来环境，而未来环境又是由各局中人的决策与行为所决定的。这类问题就是人因复杂问题，其特点是局中人的决策与行为的正确性和合理性依赖于对未来环境的判断，以及决策与行为对这种环境的适应性，同时未来环境又是由各局中人的决策与行为所共同塑造的。

人因复杂问题的复杂性不容置疑，更值得关注的是，人因复杂问题复杂在哪里，具有什么特点。人因复杂问题可以包括复杂性已知的各种特征，如非线性、突变、混沌及涌现等，但其本质特点在于人的因素，即人对环境的干预。人的情感、知识、社会经济和文化背景、决策情景、动机、欲望以及需求等都属于人的因素。社会学和心理学研究表明，不同于自然科学研究，人因是非常复杂和难以捉摸的。各局中人都有自己的决策权力、能力、利益和行为特点，每一个局中人的理智决策总是建立在对未来环境的期待之上的，而这种期待能否实现是不确定的，这种不确定性本质上不是概率的或模糊的，而是人因的。局中人往往具有很高的技能以及丰富的经验，正是这些局中人的决策共同塑造了环境。人因复杂问题系统如图 2.4 所示。由于这类人的决策与环境具有循环依赖关系的人因复杂问题比比皆是,必须深入探讨人因复杂问题的研究方法。

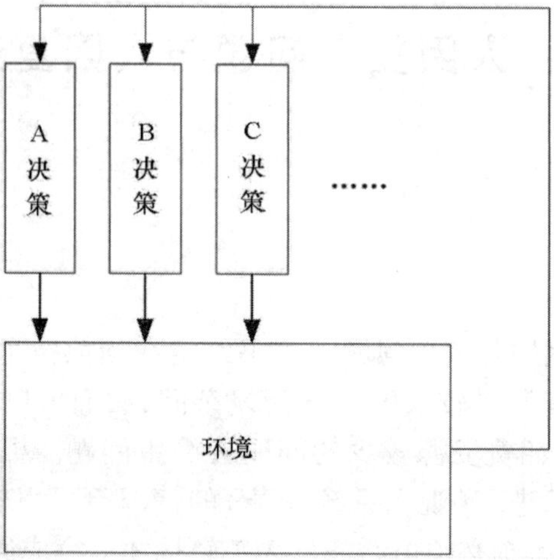

图 2.4 人因复杂问题系统

当决策问题中各局中人的决策成为影响环境变化的重要因素,甚至是主要因素时,这类问题就是人因复杂问题。局中人不断和外界环境发生交互,使得环境不断发展和演化,局中人同环境(包括局中人之间)的相互影响和相互作用,是人因复杂问题系统演变和进化的主要动力。通常人因复杂问题是非常复杂的,而且其提出初期往往是无限复杂的。逐渐降低其复杂度,使其成功地转化为有限复杂问题是解决人因复杂问题的关键。以往的研究方法往往把局中人本身的属性放在主要位置,而没有把局中人之间以及局中人同环境之间的相互作用给予足够重视。

人因复杂问题系统中,人的因素对问题系统的演变起着举足轻重的作用。人的学习本能,无论是局中人个体,还是整体,都是从实践中汲取经验教训,从而不断改变自己的决策,以适应环境并更好地实现自己的目标。系统的发展是不可重复的,将研究对象从自然科学、工程技术转到人因复杂问题系统,就不可避免地遇到不可重复性的挑战。这意味着需要冲破还原论的习惯束缚。于是需要研究人因复杂问题系统和解决人因复杂问题的方法与方法论。

这种方法与方法论应该能从人因复杂问题的本质和机制出发提炼适当的概念模型,建立适用的观念世界,在观念世界不断演变与进化的过程中逐渐形成共识。可以在观念世界中对环境的演变以及各局中人的决策进行探讨分析,最终形成解决问题的方法与方案,并具有根据在物质世界中的效果来评价解决方法与方案的机制，不断加深对问题的理解并改进解决方法与方案。

2.2.1.2　人因复杂性

人的决策行为是复杂的，决策效果取决于他的知识以及所掌握的信息等。在影响人的决策与行动的各种因素中最重要的还是人的利益，即利益驱动机制。局中人为了维护自身的利益将会努力获取相关信息，改善其知识结构；还可能采取各种措施影响他人的行为，包括与他人互利的行为，以及仅对自己有利而对他人不利的行为。由于知识和信息的缺失，仅追求己方利益的结果可能非但不能利己，反而使其自身蒙受更大损失。

人因复杂性的本质特征是：决策、行动与环境三者间具有循环因果关系，决策与行动的正确性依赖于对他人决策与行动的正确判断。这种循环依赖关系如图 2.5 所示。

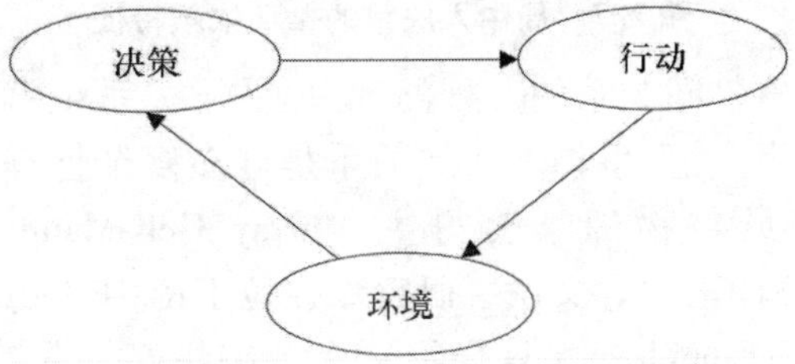

图 2.5　决策、行动与环境三者间的关系

考虑到局中人可以有多个，那么图 2.5 可进一步演变为图 2.6。

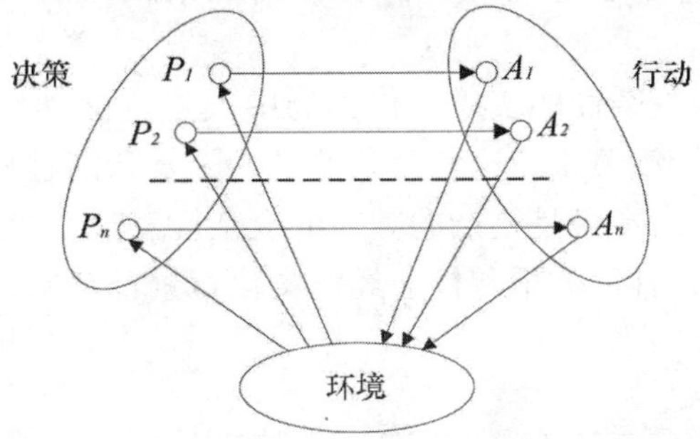

图 2.6　多人决策问题中决策、行动与环境间的关系

图 2.6 中，诸局中人 $P_1, P_2, \cdots, P_n$ 的决策与行动是独立进行的，但环境是公共的，只有一个。每个局中人的决策都是基于对未来环境演变的期望，而环境的

演变取决于诸局中人的共同作用。于是对每个局中人决策与行动正确性的判断依赖于对他人的决策与行动预期的正确性,这将导致复杂的特征和行为,其复杂之处就在于人因性:局中人的决策与行动成为环境变化的重要因素甚至是决定性因素。

如果约定所有的决策都将付诸执行,可以将决策与行动统一称为决策(或者决策行为),那么人因复杂性的本质特征即决策、行动和环境之间的循环依赖关系,实际上就等价于各局中人决策行为之间的循环依赖关系。以包含两个局中人的决策为例,他们之间的循环依赖关系如图 2.7 所示。

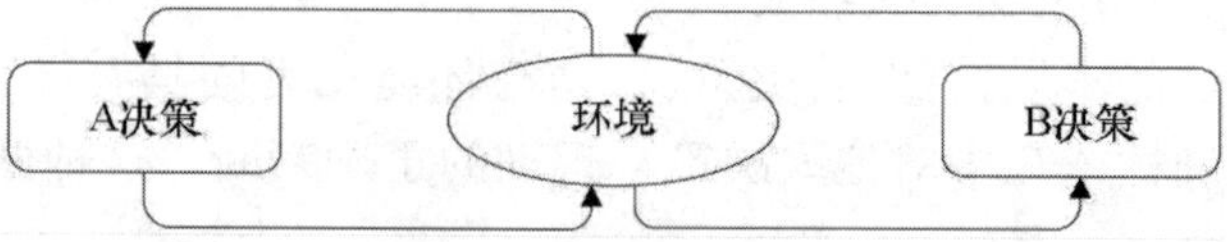

图 2.7　局中人决策的循环依赖特征

人因复杂性是事物间关系的一种涌现,抓住了关系也就为认识以及处理复杂性奠定了基础。事实上,事物之间的关系是许多复杂性理论研究分支的主要着眼点。例如,诺贝尔物理学奖得主 Murray Gell-Mann[249] 教授对英文词 Complexity(复杂性)词根的含义做了研究。在拉丁语中,Plexus(网状)是指编织或缠绕,由此产生了 Complexus(复合物),表示编织在一起,这个拉丁词产生了 Complex(复杂)。所以,复杂性就联系着一个系统内部单元以及一个系统与它的环境之间复杂的相互缠绕或相互连通。在一个人类系统中,连通性是指由任何个体(群体、组织、机构或人类系统)做出的决策或行动将影响到所有其他相连的个体和系统[7]。

综上所述,人因复杂性的实质是作为局中人主观能动性直接体现的各自干预策略之间的循环依赖关系。这种复杂性是人因复杂问题复杂性存在的主要因素,存在的原因在于人本身是复杂的。人的复杂性表现在生物学、社会学以及心理学的认识上,人的动机、欲望和社会经济文化背景都会影响到决策相关的心理活动和思维过程。

2.2.2 军事对抗决策的复杂性与人因复杂性

2.2.2.1 军事对抗决策的复杂性分析

通过系统地研究军事对抗决策复杂性的来源及其相互关系，有利于理解军事对抗决策研究与实践中面临的复杂性挑战。钱学森指出，战争系统是一个典型的开放的复杂巨系统，军事行动的复杂性毋庸置疑。战争复杂性的根源在于[28]：战争系统由许多具有自主特性和适应能力的组分系统等组成，这些组分系统之间存在着复杂的相互作用关系，表现出来的就是战争过程中各方体系之间的对抗、各方内部的合作与协同、各方之间的联合与结盟等行为，而这些复杂的相互作用关系又具有动态性和适应性，最终会产生综合的涌现性效果，从而也就导致战争系统的整体状态演变充满了不确定性和偶然性。

作为战争复杂系统的子系统，在信息收集、策略制定、策略选择和策略执行这一过程中，军事对抗决策系统得到了演化和发展。军事对抗决策系统的复杂性根源于战争复杂系统的复杂性。基于这种认识，可从以下八个方面对军事对抗决策系统的复杂性及其根源进行剖析。

(1)零和对抗性

军事系统的特殊复杂性来自于高对抗性，这是许多研究[28-29]的基本观点。战争作为政治的继续，是集团核心利益冲突无法和平调解后的结果，战争具有强烈的对抗性，而且具有零和特征。军事对抗决策系统中冲突各方争夺和捍卫的利益往往是该集团赖以生存的基础，战争的胜败在一定程度上决定了冲突各方的生死存亡。在战争过程中，一方所得往往是其他冲突方失去的，因此军事对抗中各方所争夺的核心利益具有零和性。核心利益的零和对抗，使得对抗各方穷其所能地欺骗敌方并隐藏自己的真实意图，利用敌方所有可能漏洞，从而导致对抗各方都无法全面有效地掌握军事对抗决策系统的真实状态，使得对军事对抗决策系统的干预策略具有强烈的创新性、不确定性和多样性。因此，核心利益的零和对抗性，决定了对抗各方都想方设法地创新干预策略，以期在对抗中攫取最大利益。军事对抗决策系统是对抗各方综合对抗构成的复杂系统，其发展以零和对抗为原动力，零和对抗性是造就军事对抗决策系统复杂性的起始点。

(2)情景复杂性

情景复杂性是军事对抗决策所处物质世界的复杂性，这种复杂性是指没有人为干扰（相当于自动化处理或者理性人决策）情况下的物质世界演化的不确定性,它的根源在于系统要素多、结构复杂(节点之间的联系与反馈多)、要素之间的非线性作用和系统中的大量随机因素等,表现为分析过程中的组合爆炸、系统演化过程中的非线性、混沌及涌现等现象。

现代信息化战争,其作战空间扩展至陆、海、空、天、电、网六维,作战要素也空前增加。战场信息的高效利用使得要素之间的联系更加紧密,从而使得作为军事对抗决策载体的军事组织的结构更加复杂,具体表现在节点之间的联系多、反馈多,各节点之间的反馈和相互作用增强,使得军事行动中产生大量的非线性作用。另外,战场环境中的气候以及武器装备的可靠性等都存在大量的随机性现象,使得军事对抗决策系统无论是纯人工子系统还是纯物理环境子系统,充满了大量随机因素,引发军事对抗决策行为中的混沌现象,在非线性机制的作用下有可能成为影响战争系统演化的关键性变量。

(3)认知复杂性

认知复杂性是指由于人的认知有限性,对军事对抗决策系统本身认知的不完全性和不确定性。认知是人类对物质世界进行干预和控制活动的起点。人类对事物的认知实际上是外部物质世界在观念世界中的一种投影。不过,因为人的有限理性、有限知识、有限认知能力和认知过程的选择性,使物质世界在认知主体观念世界中的投影具有不完全性和不确定性。例如"战争是充满不确定性的领域,战争中行动所依据的情况有四分之三好像隐藏在迷雾中一样"[86]等经典描述所揭示的。军事对抗决策系统的每个干预者对系统的认知都具有不完全性和不确定性,这直接造成了军事对抗决策系统干预策略的不完全性和不确定性。

情景复杂性和认知复杂性又称为客观复杂性和主观复杂性,最早由美国George Mason大学教授Warfield[244]提出,他紧密结合现代组织管理,长期研究如何管理复杂性,认为复杂性既可以管理也可能使人和社会不知所措,提出利用通用设计科学来管理复杂性。认知复杂性和情景复杂性是一对不可分离,相互联系的范畴。情景复杂性能够导致认知复杂性,认知复杂性反过来又加剧情景复杂性。当决策者开始思考某个决策问题时,认知复杂性就会出现,当他逐渐适应情景复杂性时,复杂性很可能进一步升级。

(4)信息不完全性及不确定性

战争"迷雾"决定了军事对抗决策所依据的信息具有不完全性和不确定性,这也导致冲突各方所掌握的信息具有非对称性。在现代战争中,高精尖技术尤其是信息技术在军事上的应用也难以完全驱散战场上不确定性的"迷雾"[250]。高技术运用于军事对抗以前,不完全性主要是由信息匮乏引起的,从而导致决策依据的信息具有不确定性（包括随机性、模糊性和粗糙性等）；军事对抗各方都想方设法地搜集敌方的情报，但是因为技术手段的限制往往难以获得足够的信息，从而导致决策失误。

在信息技术突飞猛进的今天，信息化战争中指挥员依靠高精尖的信息技术获取海量信息。信息匮乏的问题得到了缓解，但却遭遇了“信息爆炸”，关于海量信息的分类及鉴别仍是不完全的，不确定性在信息化战争中非但没有消减反而更加显著。原因在于一方面多种战争形态的并存加剧了军事对抗的不确定性，另一方面信息技术的发展无法降低高层次的不确定性[251]。

（5）策略不完全性及不确定性

零和对抗性、情景复杂性、认知复杂性、信息不完全性及不确定性四个方面因素导致军事对抗决策系统的干预策略具有不完全性和不确定性。策略不完全性及不确定性包括两层含义：首先，作为认知主体的决策者对自己所能采用的策略，永远存在再创新的可能性，因此具有不完全性和不确定性；另外，决策者对军事冲突中的其他决策者所要采用策略的认知也具有不完全性和不确定性。策略的不完全性及不确定性是军事对抗决策系统演化不确定的关键性因素，也是军事对抗决策系统复杂性的关键来源，体现了军事对抗决策系统演化中人的核心作用和地位。

（6）策略创新性

单独将策略创新性列出分析，凸显其在军事对抗决策系统演化中的重要性，创新性的策略往往可以使得军事对抗决策系统的演化出现突变，是军事冲突中扭转战局和奠定胜局的关键性因素。军事对抗决策系统中核心利益零和博弈特征决定了对抗各方都穷其所能地创新各自的干预策略。军事理论家克劳塞维茨[86]指出，由于“难以计算活的反应”，“作战双方的相互作用就其性质来说使得军事活动不可预测”。战争历史上，以出其不意，让敌方始料不及的创新性干预策略取得军事对抗胜利的案例比比皆是，例如纳粹德国攻陷法国的“镰割”计划[150]、沙漠风暴地面行动中多国部队的“左勾拳”计划[174]等。

策略创新的针对性极强，对抗各方都依据敌方的弱点（漏洞）开发自己的干预策略。另外，由于策略的实施是面向未来的，为了确保干预策略能够在未来达到预期效果，要求策略还应具备一定的灵活性、适应性和鲁棒性[143]，这也是策略创新必须要考虑的。

（7）策略执行效果不确定性

策略的执行分布于不同的执行主体和不同的时间段，考虑到情景复杂性，信息和策略等具有强烈的不确定性，使得干预策略执行所处的实际情景和预期情景难以完全一致,策略执行具有临场发挥的直觉性、创新性、非精确性和不确定性。

情景复杂性、认知复杂性、信息不完全性及不确定性与策略不完全性及不确定性同战争"迷雾"直接相关,而策略执行的不确定性则反映了战争中的"摩擦"现象。"迷雾"与"摩擦"是战争复杂性的典型表现,迷雾影响指挥,摩擦妨碍控制,而指挥控制是军事对抗决策的核心任务。减少迷雾能够获得信息优势进而建立决策优势,去除摩擦有助于建立行动优势,从而最终达成全维优势。

(8)决策过程不可重复性

哲学家认为,任何事物都是不可重复的,就像赫拉克利特所说:"一个人不可能两次踏入同一条河流。"战争复杂系统的不可重复性[28, 73-74, 252]得到了许多学者的认可,上述分析的七个方面的复杂性特征共同决定了军事对抗决策系统也是不可重复的,即军事对抗决策过程具有不可重复性。军事对抗决策系统的不可重复性决定了军事对抗决策系统没有一个确定性的未来,只能寻找最可能的未来。

2.2.2.2 军事对抗决策复杂性特征的关系分析

军事对抗决策系统复杂性的八个特征,不是相互独立的,而是相互联系、相互影响和相互作用的,具有密切的逻辑关系,如图2.8所示。根据八个复杂性特征的相互影响关系,可将其分为四类。第一类是"零和对抗性"和"情景复杂性",它们是军事对抗决策系统复杂性的两个基本特征,提供了军事对抗决策系统演化的内在动力和物质基础,具有客观性。第二类包括"认知复杂性""信息不完全性及不确定性""策略不完全性及不确定性"和"策略创新性",这四个特征同决策主体直接相关,同决策过程密切联系,主要体现了冲突各方在制定干预策略时所遇到的复杂性,具有一定的主观性;其中"认知复杂性""信息不完全性及不确定性""策略不完全性及不确定性"由"情景复杂性"派生,"策略创新性"由"零和对抗性"派生,"认知复杂性"反过来又加剧"情景复杂性""信息不完全性及不确定性""策略不完全性及不确定性"和"策略创新性"。第三类是"策略执行效果不确定性",体现了人对军事对抗决策系统干预的不确定性,与决策结果相联系,由前面六个复杂性特征共同决定。第四类是"决策过程不可重复性",体现了军事对抗决策系统演化的不可重复性,由"情景复杂性"和"决策执行效果不确定性"共同派生而出。

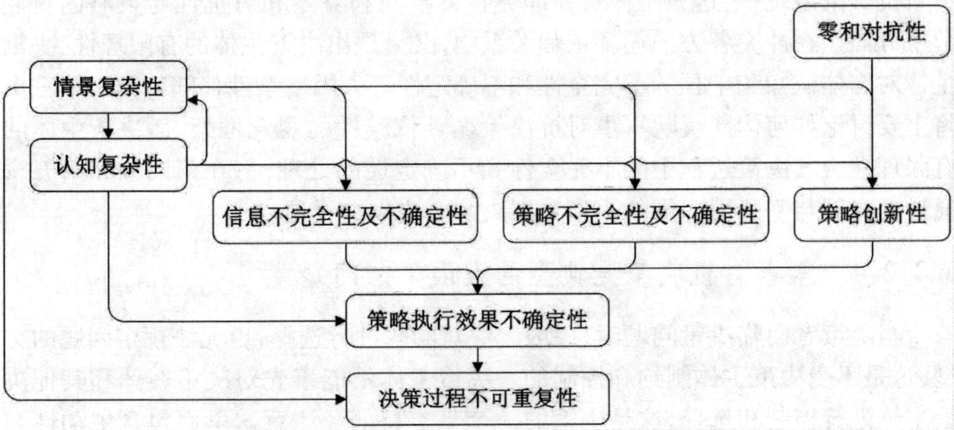

图 2.8　军事对抗决策系统的复杂性特征关系

2.2.2.3　军事对抗决策的人因复杂性

前文分析了军事对抗决策复杂性特征的八个方面，几乎每个方面都离不开军事对抗决策的主体——人。具有零和对抗性的核心利益是依附于决策主体存在的，决策主体在试图了解决策态势的过程中遭遇情景复杂性、认知复杂性和信息的不完全性及不确定性，在制定和执行干预策略的过程中遭遇策略的不完全性及不确定性、策略创新性、策略执行效果不确定性和决策过程的不可重复性。因此，军事对抗决策复杂性的根源在于人的干预，所有上述的复杂性的八个特征的理解、处理和利用都应该从决策主体——人出发，也就是从“人因”开始。

军事对抗决策的人因复杂性受上述多种复杂性特征综合作用，在分析人因复杂性的根源及作用机制时也需要从上述八个方面着手，对各个复杂性特征的研究也势必涉及对人因复杂性的探讨。因此，人因复杂性可以视为上述八个复杂性特征的宏观结果，而八个复杂性特征则可视作人因复杂性的微观表现。

战争是一种交互式的过程，克劳塞维茨把战争比喻为“两个人的搏斗”，每一方都力图迫使对方服从自己的意志[86]。为了战争行为的最高目的，每一方都要考虑对方的行动，对方也不得不考虑己方的行动，这样相互作用就产生了，它如同两股相互纠缠的绳索，看起来有迹可循，实则难以准确把握[11]。因此，在研究战争问题过程中，不能从单独的行为来预测结果，需要关注交战各方行动策略的循环依赖关系。

前文分析了人因复杂性的本质特征是局中人策略之间的循环依赖性，在军事对抗决策系统中,这集中体现在冲突各方核心利益零和对抗性与策略创新性两个方面。在冲突各方的循环依赖关系中,又呈现出决策主体的有限理性、决策主体对客体认知和干预的不完全性和不确定性等人因复杂性伴随特征。第三章将主要讨论如何构建反映军事对抗决策循环依赖性的观念框架,而决策主体的有限理性及其决策过程中的不完全性和不确定性的处理,将在第四章和第五章通过博弈网与基于博弈网的军事对抗决策方法集中展现。

2.2.2.4 军事对抗决策是典型的人因复杂问题

当决策者面临决策问题时,一般无法对问题进行选择,更无法规定问题的类型,这是不受决策主体制约和控制的。决策主体不能事先对决策客体和其他决策主体进行控制和选择,这是决策的一个基本特征。注意这里面包含主动性与被动性的博弈:决策客体同环境的不能事先控制和选择是被动的,但是信息搜集与决策选择又包含决策主体的主动性行为。

不同领域的人因复杂问题具有一些相同的属性,一般情况下,可以根据是否具有这些属性来判断一个复杂问题是否是人因复杂问题。人因复杂性的本质特征是局中人决策行为与未来环境之间的循环依赖以及局中人策略之间的循环依赖性,而军事对抗决策中显然也具有这种循环依赖性,如图 2.9 所示。指挥员决策行为的正确性与合理性依赖于敌方指挥员的决策行为,然而指挥员通常不能直接获知敌方的干预策略,只能通过可观测到的现象推断对方的行为。这种推断具有极大的不确定性,这也是“战争迷雾”的体现。战争的对抗性本质导致这种状况是对称的,因此双方决策行为是循环依赖的。

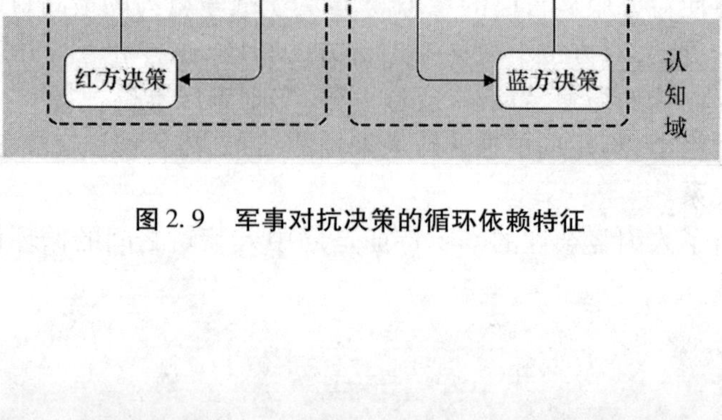

图 2.9　军事对抗决策的循环依赖特征

战争系统复杂性的核心根源是人的干预,而人的干预策略的形成又依赖于对未来环境的预期,从而依赖于战争系统中其他决策者的干预策略,系统中多个决策者之间的相互依赖问题的研究催生了人因复杂问题的研究。

人因复杂问题的军事对抗决策包含利益相互冲突的局中人策略的循环作用,因此必须将人的因素放在首位考虑。军事斗争的事实说明,处理复杂的军事对抗决策问题,过分依赖于基于精确自然科学思维发展起来的规范决策理论是不行的,这种依靠量化和比较人的价值观的做法难以反映决策的真实内涵;同样,过于依赖人的心理、行为分析来处理军事对抗决策问题也难以做到对其真实内涵的把握,它们只是各自描述了军事对抗决策现实中的部分真实内容,通过理论上的简单转向难以应对军事对抗决策的人因复杂性。这其实反映了当决策问题为人因复杂问题时,需要新的审视视角,并更新或者变革已有观念框架,这也构成了当前军事对抗决策研究所面临的问题。

2.3 人因复杂问题求解框架

2.3.1 求解框架

根据前文复杂性概念辨析与一般认识框架可知,对于任何无限复杂问题的求解,总是希望找到可以在有限资源条件下的解决方法,即将其转化为有限复杂问题。所以,求解人因复杂问题的过程一般包含以下两个步骤,这两步之间通常需要反复迭代才能完成求解。

第一步:用"恰当"的观念系统来描述物质系统,同时描述相应的问题;

第二步:寻找该观念系统中该问题的简单解决方法。

第一步属于通常所说的问题建构阶段,是决策过程中一个非常重要的阶段,但是常被忽视[150, 253]。第二步工作是对第一步所建构的问题进行表述和转化,进而开发策略、选择策略并最后实施。研究表明,在决策过程中重视问题表述阶段有利于避免错误[253]。

将复杂问题简单化的必然途径是将物质系统映射为观念系统。研究者总是按自己对物质系统和相关问题的理解来研究系统和问题,这种理解实际上就构成了一种观念系统。不过这种映射往往是无意识进行的,而且人们往往也认为这种观念系统就是物质系统本身，很少去区分两者的差别。

用观念系统来描述物质系统经常是在无意识中进行的，但只有将这种无意识过程变为有意识的、清醒的和明确的形式才能使其变为众人的共识，才有利于提炼恰当的问题和寻找简单的解决方法。复杂问题求解过程的关键是寻找合适的观念系统与相应问题的映射。现在的问题是，映射得到的问题与提出问题的初衷是否一致？不进行映射转换就无法将其化为简单问题，而转换之后化为简单问题，解决效果又可能与初衷相差较大。严格（绝对）判定观念系统与物质系统的一致性，或在相关问题上的一致性不是形式逻辑所能解决的，必须要用辩证逻辑，要依靠实践检验。复杂问题研究中关注的不仅是模型、问题与实际系统间的一致性，还包括模型、问题与人们心目中所要解决的问题之间的一致性。

任何模型对实际系统的描述都是不完备的，均有误差。根据§2.1.1.3可知，复杂系统必与特定问题相关联，还与解决特定问题的特定方法相关联，与其说复杂系统，还不如说复杂问题（系统的某个问题是复杂的）。解决复杂问题首要在于明确叙述复杂问题，即发现问题和提出问题，而后才能分析问题和解决问题。问题的复杂度与问题提法密切相关。

任何一个人实际关心的问题都希望有简单的解决方法，任何一个必须解决的问题都必须找到有限复杂的（实际可行）解决方法。问题的表述和概念化对于求解该问题具有重要影响，于是问题的提法极其重要，恰当的提法会极大地降低问题的复杂度。例如，在提法中将“最优解”换为“可行解”，将“精确解”换为“近似解”等。对于已经是有限复杂的问题和解决方案，还可以寻找复杂度更低的方案或变化为复杂度更低的问题。

§2.1.1.2已经对物质世界系统（位于物理域）和观念世界系统（位于观念域）的概念进行了界定，分析了两个范畴内复杂性的特征，§2.2.1指出了人因复杂问题的本质特征，即环境同决策（行为）之间的循环依赖。至此，可以提出人因复杂问题的一个求解框架，如图2.10所示。这个求解框架体现了进行复杂问题研究的立场、视角和基本观点，以及认识和解剖问题应遵循的基本原则与逻辑程序，既是方法也具有方法论上的意义。这个求解框架有三个特点：首先是闭环研究思路，坚持把基于环境做出的决策以及受决策影响的环境统一考虑；其次，将物质世界系统与观念世界系统分开，通过修正观念世界系统从而达到研究物质世界系统的最佳视角，在用相对恰当的视角观察物质世界的同时，为将无限复杂问题转化为有限复杂问题，将有限复杂问题的复杂度进一步降低提供了契机；最后，框架中包含大、小两个循环，小循环为决策同观念世界系统的循环迭代（表示观念框架随循环可以进行变革），大循环反映的是决策同物质世界系统中

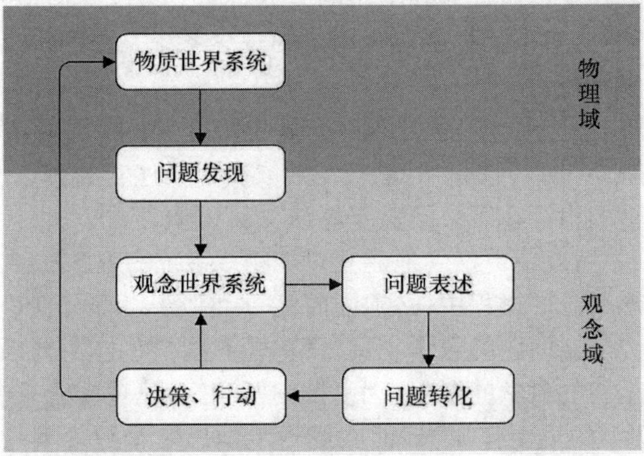

图 2.10　人因复杂问题的求解框架

实践之间的循环迭代。

如果在某个观念系统或观念框架下,构建的问题求解方法能够指引决策者做出正确的选择,从而达到预期目标,那就可以说决策者面临的观念框架下的对原问题的映射问题是有限复杂的或者简单的。反之,如果该方法难以使决策者达到预期的效果,则说明该方法不适合求解该问题,进一步还可能是在观念框架下的问题抽象不恰当,甚或是该观念框架没能正确地抽象决策者所关注的物质系统的某个角度,此时决策者面临的就是无限复杂问题。

软运筹或者软系统方法一般强调帮助用户理解所处的态势,或者是帮助用户以新的方式(或角度)看待问题。因此,原则上说这里所提的人因复杂问题的求解框架应该属于“软”方法,而不是传统意义下的问题定义良好、目标明确的“硬”方法。这个求解框架的核心是关注研究主体或者决策主体,即人的因素,在构建求解此类问题的方法以及求解具体人因复杂问题的过程中,都不能回避或者刻意简化,而应该直接面对、处理甚或利用人的因素。

2.3.2　从复杂到简单:观念框架变革

图 2.10 反映了人因复杂问题求解或研究的一般框架,也是科学研究的普适框架。随着研究循环的深入,对于问题的认识逐渐清晰,原本的无限复杂问题转变为有限复杂问题,有限复杂问题的复杂度逐步降低。在上述过程中,问题从充斥着不可解释的现象并大量运用描述性语言,过渡到可量化分析、存在统一和严

谨的规范理论。在问题研究遇到困难的时候，应追溯反思循环中的某个或某些环节可能存在问题，直至反思最初所构建的观念系统是否客观反映了物质世界中所关注的现象和行为。

应对复杂性，不应看作是去寻求一套解决特殊问题的规则，而是借助于理解问题的一些新视角[254]，问题的简单与复杂取决于描述它的方法[255]。决策者应该意识到复杂性的根源在于人们关于系统知识的匮乏[256-258]，应该不断地反思现有知识，不断学习以便更精确地建立对于物质系统的观念框架。

在构建观念系统的过程中，必须同时注重类似于微积分促进物理学发展一样的有利于研究复杂问题的数学工具，只有具备强有力的数学工具的创新，才有可能彻底解决全新的科学问题（人因复杂问题）。为体现观念系统变革在“从复杂到简单”过程中的重要作用，下面在逻辑上给出一个数理模型阐释这一变革过程的价值。引入问题熵的概念，用于度量人因复杂问题所处的复杂性状态，熵增意味着复杂性（复杂度）提升，熵减意味着复杂性（复杂度）降低。无限复杂问题具有无穷熵，有限复杂问题具有有限熵。

2.3.2.1 变量描述

将人因复杂问题的求解理解为随着时间推移而动态演变的人因复杂问题系统状态序列。令第 $t(t=0,1,2,\cdots)$ 阶段状态为 $s_t \in S$（$S \subset \mathbb{R}$ 为闭空间），则人因复杂问题求解可以表示为一个无穷序列 $\{s_t\}_{t=0}^{\infty}$（在有限时间情况，可令 $s_t = s_{t-1}$，当 $t > N$ 时，$N \in \mathbb{Z}^+$）。t 阶段构建观念框架（包含观念框架下的决策方法）$d_t \in D$（D 为闭空间）；s_t^* 为 t 阶段决策者对状态的预期，即目标状态，它由决策目标决定；w_t 为其他局中人观念框架构建及决策方法对状态的影响，视为随机过程（外生事件），可以通过观测到的事件来推断其内容（转移概率）；$A(d_t)$ 为该观念框架下决策方法实施对状态的影响。从而，系统的状态转移方程可以表示为

$$s_{t+1} = s_t + A(d_t) + w_t = G(s_t, d_t, w_t) \tag{2.1}$$

观念框架在形式上符合如下函数（具体取值则由下文算法确定）

$$d_t = F(s_t, s_t^*) \tag{2.2}$$

受到情景复杂性与认知复杂性的影响，实际状态 S 与所知状态 $\bar{S}$ 经常存在差别。假设 t 阶段实际状态为 s_t，所知状态为 $\bar{s}_t$，基于实际状态预期为 s_t^*，基于所知状态预期为$\overline{s_t^*}$。当 $s_t \notin \bar{S}$ 时，需要更新 $\bar{S}$。注意到，当 $\bar{s}_t \neq s_t$ 时，决策者会根据 $\bar{s}_t$ 制定 d_t，而 $A(d_t)$ 影响作用于 s_t。因此，当 $\bar{s}_t \in \bar{S}$ 且 $s_t \notin \bar{S}$ 时，s_t 将

被忽略;当 $\overline{s}_t \notin \overline{S}$ 且 $s_t \in \overline{S}$ 时,$\overline{S}$ 会被错误更新。

引入状态增量 Δs 表示观念框架影响所造成系统状态的变化,令

$$\Delta s_{t\to t+1} = s_{t+1} - s_t = A(d_t) + w_t = \delta(s_t, d_t, w_t) \tag{2.3}$$

$$\Delta s_{i\to j} = s_j - s_i = \sum_{t=i}^{j-1}[A(d_t) + w_t] = \delta_{j-i}(s_i, d_i, w_i),\ i \leqslant j \tag{2.4}$$

考虑到实际状态同所知状态的差别,基于状态空间中两种状态之间的距离,存在四种度量观念框架构建效果的指标,依次为:绝对指标、计划指标、自估指标和绝对自估指标,具体如下:

$$M_{\text{Abs}}(d_t, s_t) = \| s_t + \delta(s_t, d_t, w_t), s_t^* \| \tag{2.5}$$

$$M_{\text{Planning}}(d_t, \overline{s}_t) = \| \overline{s}_t + \delta(\overline{s}_t, d_t, w_t), \overline{s_t^*} \| \tag{2.6}$$

$$M_{\text{SelfAss}}(d_t, s_t) = \| s_t + \delta(s_t, d_t, w_t), \overline{s_t^*} \| \tag{2.7}$$

$$M_{\text{AbsSelfAss}}(d_t, \overline{s}_t) = \| \overline{s}_t + \delta(\overline{s}_t, d_t, w_t), s_t^* \| \tag{2.8}$$

在实际应用中,可根据需要选择公式(2.5)~(2.8)中的一种。

2.3.2.2 观念框架变革的数理模型

设构建观念框架 d_t 引起人因复杂问题熵函数变化为 $R(s_t, s_t^*, w_t)$,假定熵变有界 $\gamma_1 \leqslant R \leqslant 0(\gamma_1 < 0)$,边际熵变递减 $\partial^2 R/\partial s_t^{*2} < 0$;执行观念框架 d_t 下决策方法引起熵函数变化为 $T(s_t, A(d_t), w_t)$,同样假定 $\gamma_2 \leqslant T \leqslant 0(\gamma_2 < 0)$,$\partial^2 T/\partial[A(d_t)]^2 < 0$,整个人因复杂问题求解过程的熵函数为上述两部分之和,即

$$V(s_0) = \lim_{n\to\infty} E_{w_t}\left\{\sum_{t=0}^{n-1}[R(s_t, s_t^*, w_t) + T(s_t, A(d_t), w_t)]\right\} \tag{2.9}$$

在前述熵函数有界性假设条件的基础上,从技术上进一步假定对任意的观念框架序列 $\pi = \{d_t\}_{t=0}^{\infty}$,$V(s_0)$ 有界。观念框架及相应决策方法实施的求解可表述为下文中的最优化问题,即人因复杂问题求解(观念框架变革)数理模型。

$$\begin{cases} \min\limits_{\pi} V(s_0) \\ \text{s. t.} \\ s_{t+1} = s_t + A(d_t) + w_t = G(s_t, d_t, w_t) \\ t = 0, 1, 2, \cdots \end{cases} \tag{2.10}$$

公式(2.10)表明在理性决策假设下,决策者的任务是在系统状态约束下,构建观念框架并在其下建立决策方法,目标是最小化问题熵。

2.3.2.3 模型求解算法及其收敛性

下面求解公式(2.10)考虑 n 项部分和，令 $\pi_n=\{d_0,d_1,\cdots,d_{n-1}\}$ 为一个可行的观念框架序列，有

$$V_n(s_0)=\underset{w_t}{E}\Big\{\sum_{t=0}^{n-1}[R(s_t,s_t^*,w_t)+T(s_t,A(d_t),w_t)]\Big\} \tag{2.11}$$

设该问题最优值函数为 $V_n^*(s_0)$，则 $V_n^*(s_0)=V_n(s_0)$，其中 $V_n(s_0)$ 由如下动态规划算法的第 n 步确定：对 $\forall s, V_0(s)=0$，

$$V_{i+1}(s)=\min_d \underset{w}{E}[R(s,s^*,w)+T(s,A(d),w)+V_i(G(s,d,w'))],\quad i=0,1,\cdots,n-1 \tag{2.12}$$

式中 w' 为第 i 阶段外生事件。

下面考虑上述动态规划的收敛性，令

$$\Gamma(V)(s)=\min_d \underset{w}{E}[R(s,s^*,w)+T(s,A(d),w)+V_i(G(s,d,w'))] \tag{2.13}$$

这里 $\Gamma(V)(s)$ 是一个泛函，上述动态规划算法可改写为

$$V_0(s)=0(\forall s) \tag{2.14}$$

$$V_i(s)=\Gamma^i(V_0)(s)(\forall s) \tag{2.15}$$

且

$$\Gamma^i(V_0)(s)=\Gamma[\Gamma^{i-1}(V_0)](s) \tag{2.16}$$

$$\Gamma^0(V_0)(s)=V_0(s) \tag{2.17}$$

由于 $\Gamma(V)(s)$ 是泛函，公式(2.14)~(2.15)已经不是标准的动态规划算法，需要证明该算法的收敛性和相应的贝尔曼(Bellman)最优性方程。

命题 2.1 公式(2.14)~(2.15)定义的动态规划算法收敛。

证明：首先证明泛函 $\Gamma^i(V)(s)$ 的单调性。考虑任意的有界函数 V 和 V'，假设 $\forall s,d,w$ 及 w'，有 $V(G(s,d,w'))\leqslant V'(G(s,d,w'))$，则 $T(s,A(d),w)+V(G(s,d,w'))\leqslant T(s,A(d),w)+V'(G(s,d,w'))$，进而

$$\begin{aligned}&\min_d \underset{w}{E}[R(s,s^*,w)+T(s,A(d),w)+V(G(s,d,w'))]\leqslant\\&\min_d \underset{w}{E}[R(s,s^*,w)+T(s,A(d),w)+V'(G(s,d,w'))]\end{aligned} \tag{2.18}$$

即 $\Gamma(V)(s)\leqslant\Gamma(V')(s)$，循环迭代即可得到对 $\forall i=0,1,2\cdots$，有 $\Gamma^i(V)(s)\leqslant\Gamma^i(V')(s)$ 成立，进而泛函 $\Gamma^i(V)(s)$ 单调。

根据前文假定易知最优值函数 V^* 是有界的，则任取有界函数 V，根据文献[259]第六章命题 1，有 $V^*(s)=\lim_{i\to\infty}V_i(s)=\lim_{i\to\infty}\Gamma^i(V)(s)(\forall s)$，从而该动

态规划算法收敛到最优值函数 V^*。

证毕。

上述命题意味着,该动态规划算法为决策者评估一个可达状态 s 的熵提供了一种手段,从而使得不同观念框架反映在熵函数上的变化具备可测度性。

在命题 2.1 基础上,利用文献[259]第六章命题 2 可证明如下命题。

命题 2.2 在前述假设下,最优值函数 V^* 是满足如下 Bellman 方程的唯一有界解

$$V^*(s) = \min_d E_w[R(s,s^*,w) + T(s,A(d),w) + V^*(G(s,d,w'))], (\forall s) \tag{2.19}$$

根据命题 2.1,决策者可以通过定义的动态规划算法迭代求出 V^* 的数值解(精确解仅在特殊的熵函数下才能显式求取)。命题 2.2 表明,决策者可通过求解(2.19)式右边的最优化问题获得最优的观念框架序列和决策方法实施方案。

上述命题表明,只要拥有关于构建观念框架和决策实施的熵函数以及外生事件的演进过程($p(w_t|w_{t-1})$, $(t=1,2,\cdots)$),决策者就可以通过构建观念框架和决策实施,干预整个循环依赖过程,改变熵函数状态。这意味着,只要拥有信息优势,决策者就可以在人因复杂问题循环依赖关系中建立决策优势。

2.3.2.4 模型应用

作为上述数理模型的一个应用,本节以具有两个局中人的人因复杂问题为例,讨论不同的观念框架所导致的双方熵函数的差异。观念框架对物质世界的抽象精确与否存在不同的度量方式,系统状态识别的精确程度可从一个侧面体现观念框架的优劣。

假设 t 阶段,决策者观察到外生事件 w_t,注意到这里不一定为 w_t 本身,准确地说是同 w_t 相关的事件 W,该事件是某个划分的信息结构 Θ 中的一个等价类,具体定义如下,

$$\Theta(w_t) = \{\{w^1,\cdots,w^{k_1(w_t)}\},\{w^{k_1(w_t)+1},\cdots,w^{k_2(w_t)}\},\cdots,\{w^{k_{M-1}(w_t)+1},\cdots,w^N\}\} \tag{2.20}$$

式中,$M(M\leqslant N)$ 和 $k_m(w_t)\in\{1,2,\cdots,N\}$ $(m=1,2,\cdots,M)$ 由决策者所采用的观念框架决定。对于两种观念框架,相应划分的信息结构为 Θ_1 和 Θ_2,进一步,如果对于 Θ_2 中的每一个等价类,都存在 Θ_1 中的等价类,使得前者是后者的子集,则框架 2 比框架 1 能够辨别状态的程度要精确,表示为 $M_1 < M_2$,即框架 2 比框架 1 的识别精度高、抽象精度高。

命题 2.3 在前述假设下,如果 Θ 比 Θ' 识别精度高,则 $\forall s$,有 $V_{\Theta}^{*}(s) \leqslant V_{\Theta}^{*}{}'(s)$。

证明: 根据信息结构及其识别精度定义,Θ 比 Θ' 精度高,表明至少存在一个正整数集合 I 和一个事件 $W^0 \in \Theta'$,使得 $W_i \in \Theta(i \in I)$ 且 $W^0 = \cup_{i \in I} W_i$。$\forall s$,令 $V_0^{\Theta}(s) = V^{\Theta}{}'_0(s) = 0$。不失一般性,假设只存在一个这样的 I(如果存在多个,重复进行如下推导即可)和 W^0,则 $p(W^0 | w) = p(\cup_{i \in I} W_i | w) = \sum\limits_{i \in I} p(W_i | w)$,且 $W_i \in \Theta \Leftrightarrow W_i \in \Theta'(\forall i, i \notin I)$,根据(2.12)式可知,

$$
\begin{aligned}
V_1^{\Theta}(s) &= \min_{d} \underset{w}{E}[R(s,s^*,w) + T(s,A(d),w)] \\
&= \underset{w}{E}\{\min_{d}[R(s,s^*,w) + T(s,A(d),w)]\} \\
&= \sum_{i \in I} p(W_i | w)\{\min_{d}[R(s,s^*,W_i) + T(s,A(d),W_i)] | W_i \in \Theta(w)\} \\
&\quad + \sum_{i \notin I} p(W_i | w)\{\min_{d}[R(s,s^*,W_i) + T(s,A(d),W_i)] | W_i \in \Theta(w)\} \\
&\leqslant \sum_{i \in I} p(W_i | w)\{[R(s,s^*,W_i) + T(s,A(d),W_i)] | W_i \in \Theta(w)\} \\
&\quad + \sum_{i \notin I} p(W_i | w)\{[R(s,s^*,W_i) + T(s,A(d),W_i)] | W_i \in \Theta(w)\} \\
&= \sum p(W^0 | w)\{[R(s,s^*,W_i) + T(s,A(d),W_i)] | W^0 \in \Theta'(w)\} \\
&\quad + \sum_{i \notin I} p(W_i | w)\{[R(s,s^*,W_i) + T(s,A(d),W_i)] | W_i \in \Theta(w)\} \\
&= \sum p(W^0 | w)\{[R(s,s^*,W_i) + T(s,A(d),W_i)] | W^0 \in \Theta'(w)\} \\
&\quad + \sum_{i \notin I} p(W_i | w)\{[R(s,s^*,W_i) + T(s,A(d),W_i)] | W_i \in \Theta'(w)\} \\
&= \underset{w}{E}\{[R(s,s^*,w) + T(s,A(d),w)] | w \in \Theta'(w)\}
\end{aligned}
$$

即

$$
V_1^{\Theta}(s) \geqslant \underset{w}{E}\{[R(s,s^*,w) + T(s,A(d),w)] | w \in \Theta'(w)\}, \forall d \tag{2.21}
$$

则

$$
\begin{aligned}
V_1^{\Theta}(s) &\leqslant \underset{w}{E}\{\min_{d}[R(s,s^*,w) + T(s,A(d),w)] | w \in \Theta'(w)\} \\
&= \min_{d} \underset{w}{E}[R(s,s^*,w) + T(s,A(d),w) | w \in \Theta'(w)] \\
&= V^{\Theta}{}'_1(s)
\end{aligned}
$$

利用公式(2.12)迭代可知,$\forall s$,有 $V_n^{\Theta}(s) \leqslant V^{\Theta}{}'_n(s)$,根据命题 2.1 证明过程,可得 $\forall s$,有

$$
V_{\Theta}^{*}(s) = \lim_{n \to \infty} V_n^{\Theta}(s) \leqslant \lim_{n \to \infty} V^{\Theta}{}'_n(s) = V_{\Theta}^{*}{}'(s) \tag{2.22}
$$

证毕。

命题 2.3 说明,决策者拥有的观念框架越贴近物质世界系统,则人因复杂问题求解中可利用的信息结构越精细,可识别的系统状态越精确,熵函数取值越小,相应所处的人因复杂问题系统状态的复杂度越低,则在相互竞争中将处于优势地位。

2.4　军事对抗决策分析与建模研究总体思路

在前文研究的基础上,遵循人因复杂问题的求解框架,可以明确后文军事对抗决策分析与建模的总体研究思路,如图 2.11 所示,具体如下所述。

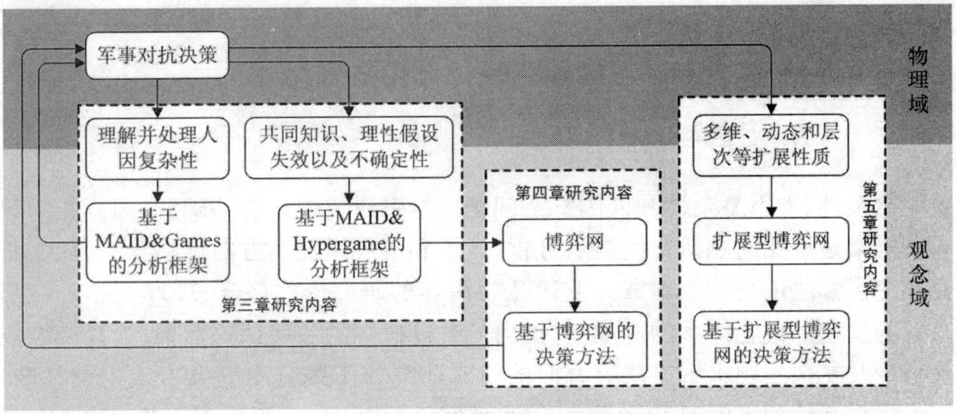

图 2.11　研究思路概览

第一步,为从人因复杂性角度着手研究军事对抗决策,建立了基于多主体影响图(Multi-Agent Influence Diagrams,MAID)和博弈论的观念分析框架;在此框架内利用多主体影响图结构诱导的关联图将军事对抗决策分割为若干博弈子问题,逐个求取纳什均衡。在这里,观念框架的建立为从人因复杂性角度分析物质世界中的军事对抗决策提供了可行手段。

第二步,在将上述观念框架应用于具体军事对抗决策问题的过程中,发现经典博弈论的共同知识和理性假设限制了该框架对实际问题的分析效果。因此,需要将该分析框架进行变革,使其能够适用于分析不确定性环境下的现实军事对抗决策。引入超博弈(Hypergame)替代观念框架中的经典博弈论部分,得到了基于多主体影响图和超博弈的分析框架。经过观念框架的变革，使得原本在经典博弈论框架下无法进行的军事对抗决策的分析工作的复杂度大幅降低。

第三步，在经过变革的观念框架内，建立博弈网模型描述军事对抗决策问题，并将军事对抗决策过程等价为博弈网的建模与求解过程。这样，就比较完整地解决了军事对抗决策这样一个典型的人因复杂问题。博弈网这一工具的发现，使得作为人因复杂问题的军事对抗决策问题的求解具备了可操作性，是军事对抗决策分析与建模“从复杂到简单”过渡的关键驱动力。

第四步，为解决更加广泛的军事对抗决策问题，建立扩展型博弈网，并提出基于扩展型博弈网的军事对抗决策方法。基于扩展型博弈网的军事对抗决策方法包含了对具有多维和动态特征的决策问题的处理机制，为解决其他各种类型的实际军事对抗决策问题提供了基本思路。

2.5 本章小结

复杂性、人因复杂性和人因复杂问题是本书研究的概念基础，人因复杂问题求解框架是后文问题研究的需求分析、认识和解决途径的方向性指导，为后文研究奠定了方法论基础。本章对上述几项内容的研究依次展开，环环相扣。在引入新的复杂性概念体系的基础上，提出复杂性概念的一般认识框架，为复杂性概念自身及复杂问题求解方法等方面的学术研究和实践应用提供了认识论基准。在人因复杂性和人因复杂问题两个重要概念的基础上，逐步深入论述了“军事对抗决策是典型的人因复杂问题”这一核心命题，分析了军事对抗决策八个方面的复杂性特征以及它们同人因复杂性的联系。然后，建立了军事对抗决策等人因复杂问题的抽象求解框架，指出“从复杂到简单”须经过构建观念框架和变革观念框架两个步骤，并以建立数理模型的方式为“变革观念框架”的效果提供了严谨的逻辑推理基础。最后，结合本章研究结论，明确了后文研究的总体思路。第三章，将集中讨论适合于描述和分析作为人因复杂问题的军事对抗决策的观念系统分析框架，该观念分析框架下的军事对抗决策建模与求解将在第四章和第五章中研究。

第三章　面向人因复杂性的军事对抗决策分析框架

3.1　概　述

根据§2.3提出的人因复杂问题求解框架，第一步要采用恰当的观念系统来描述军事对抗决策问题，第二步在该观念系统的基础上进一步变革观念系统框架，使得在其下能够更加简便地描述、分析和求解问题，又不偏离物质世界本身。本章在前序研究基础上，将人因复杂问题的抽象求解框架在军事对抗决策问题中具体化，建立面向人因复杂性的军事对抗决策分析框架，为后文进一步在此框架下建模和求解问题奠定了基础。

在军事对抗决策中，影响决策者决策行为效果的因素多种多样，其中敌方决策者的思维活动无疑是影响己方决策的最重要因素之一，这就涉及人因复杂性。要想在军事对抗决策中有效处理人因复杂性，提升决策效果，需要研究人因复杂性是怎样影响军事对抗活动的，即研究人因复杂性对军事对抗决策的作用机制。

本章集中讨论人因复杂性本质特征的决策行为循环依赖性，这在军事对抗决策中又具体体现为指挥员做决策时必须考虑到敌方对自己决策的推断[193, 260]，即指挥员决策的效果依赖于敌方指挥员的信念、意愿和目的。这种对抗性环境下的多人决策问题非常复杂，传统的分析工具如决策网络和影响图等难以分析这种态势，应该在博弈论框架下寻找新的分析工具。

面向人因复杂性的军事对抗决策分析框架的构建分为两个阶段。首先，建立基于多主体影响图和博弈论的分析框架，将军事对抗决策问题置于博弈论框架下，采用多主体影响图这一分析工具识别和处理决策行为的循环依赖性；然后，考虑到现实中的绝大部分军事冲突都置身于不确定性环境下，导致共同知识和理性假设失效，这需要将经典博弈论推广至超博弈，进而将多主体影响图和超博弈结合在一起建立军事对抗决策的分析框架。

3.2 基于多主体影响图和博弈论的观念分析框架

贝叶斯网络(Bayesian networks, BN)[181]和影响图(Influence Diagrams, ID)[261]等模型虽然可以分析变量间的依赖关系,但是它们本质上是有向无环图,并且传统的ID模型仅包括一个决策主体的决策变量(或将其他决策主体的决策变量视为机会变量),难以表示多个决策主体决策变量间的循环依赖关系。多主体影响图(Multi-Agent Influence Diagrams, MAID)[205-206]改进了传统的ID模型,MAID不仅可以分析含有多个决策主体的决策问题,其图结构诱导的关联图还可以简洁有效地表示不同决策主体决策变量间的循环依赖关系。从传统模型的求解最大期望效用下的策略转变为求解纳什均衡,MAID实际上已将决策问题置于博弈论框架下分析和求解。本节利用MAID及其诱导的关联图对具有循环依赖特征的军事对抗决策问题进行分析和建模,结合一个具体案例展示分析与建模以及纳什均衡求解过程。本节所提框架对于理解军事对抗决策问题的本质具有重要现实意义,而在复杂环境下,对于决策问题的分析理解过程与求解过程往往是一致的[204]。

3.2.1 多主体影响图概述

MAID扩展了传统的ID模型,使之不仅可以表示多人决策情况,其结构诱导的关联图还能有效地描述不同决策主体决策变量间的策略依赖关系(包括循环依赖)。MAID揭示了决策或博弈更为真实的结构信息,而且通过将大型博弈分解为若干相关的小型博弈,极大地降低了求解的复杂性。下面简要介绍同MAID相关的基本概念和相关结论(详见文献[205-206])。

3.2.1.1 基本概念

设决策主体集合为A,机会变量集合为X,主体$a \in A$的决策变量为D_a。机会变量用椭圆表示,决策变量用矩形表示,且$D = \cup_{a \in A} D_a$。主体a效用变量集合为U_a,用菱形表示。上述每个变量X的值域均为有限集合$\mathrm{dom}(X)$,其中,效用变量值域为有限实数集合。令$U = \cup_{a \in A} U_a$,$V = X \cup D \cup U$。

同 BN 和传统 ID 一样,MAID 为有向无环图,节点为各类变量,变量 X 的父节点集合 $Pa(X)\subset X\cup D$(效用节点不能作为父节点)。对于每个机会变量 $X\in X$,条件概率分布(Conditional Probability Distribution,CPD)为 $P(X|pa)$,pa 为父节点 $Pa(X)$的一个实例。对于决策节点 $D\in D_a$,父节点集合 $Pa(D)$表示决策时已知的信息。效用节点 U 的 CPD 为 $P(U|pa)$,由于效用变量为其父节点的确定函数,U 以概率 1 取某个值,其余概率为 0。当 $Pa(U)=pa$ 时,U 以概率 1 取值 $U(pa)$,整体效用为各效用变量之和。决策主体根据观测到的父节点集合以及决策规则在每个决策节点选择策略。

定义 3.1(决策规则)　决策变量 D 的决策规则定义为从 $Pa(D)$的实例 pa 到 dom(D)上概率分布的映射,对于特定主体 $a\in A$ 的每个决策 $D\in D_a$ 指派决策规则得到该主体的策略。

决策规则在形式上同 CPD 一致。将已确定决策规则的决策节点转化为机会节点,相应 CPD 为决策规则,就诱导了一个新的 MAID。如果所有决策节点的决策规则都确定了,即给定一个策略组合,那么所诱导的 MAID 就是一个 BN。

定义 3.2　如果 M 为 MAID,σ 为其策略组合,则由 σ 诱导的 M 的联合分布 $P_{M[\sigma]}$,就是定义在 V 上的 BN 的联合分布,这个 BN 变量集合为 V;对于 $X,Y\in V$,存在边 $X\to Y$ 当且仅当 $X\in Pa(Y)$;对于 $X\in X\cup U$,其 CPD 为 $P(X)$;对于 $D\in D$,其 CPD 为 $\sigma(D)$。

在 MAID M 中,如果主体 a 执行给定的策略组合 σ,假设 $U_a=\{U_1,\cdots,U_m\}$,则其期望效用为

$$\begin{aligned}EU_a(\sigma) &= \sum_{(u_1,\cdots,u_m)\in \mathrm{dom}(U_a)} P_{M[\sigma]}(u_1,\cdots,u_m)\sum_{i=1}^{m}u_i \\ &= \sum_{U\in U_a}\sum_{u\in \mathrm{dom}(U)} P_{M[\sigma]}(U=u)\cdot u \end{aligned}\tag{3.1}$$

定义 3.3(最优决策规则)　令 ε 为 D_a 的子集,σ 为策略组合。在诱导的 MAID $M[\sigma_{-\varepsilon}]$中,如果对于所有的 σ'_{ε},σ^*_{ε} 都是最优的,即 $EU_a(\sigma_{-\varepsilon},\sigma^*_{\varepsilon})\geqslant EU_a(\sigma_{-\varepsilon},\sigma'_{\varepsilon})$,则对于策略组合 σ,σ^*_{ε} 是最优的。

定义 3.4(最优策略)　MAID M 的策略组合 σ 对于所有决策主体为纳什均衡,那么 σ_{D_a}对于策略组合 σ 是最优的。

3.2.1.2　多主体影响图和博弈

MAID 同扩展型或策略型博弈是等价的。M 为 MAID,T 为相应博弈树,则对于任意策略组合 σ,M 的支付向量同 T 中相应支付向量相同。下面介绍如何

将 MAID 转化为博弈树。

博弈树 T 的变量集合为 $G=D\cup_{D\in D}Pa(D)$，定义 G 上的全序 $<$ 同 MAID 的拓扑序一致：如果在 MAID 中从 X 到 Y 存在有向路径，则 $X<Y$。T 为对称树，每条路径的分叉点为 G 中变量，顺序由 $<$ 决定。标明每个节点的部分实例 $\mathrm{inst}(N)$。对于每个主体 a，同决策变量 $D\in D_a$ 对应的节点为其决策节点，其他为机会节点。考虑对应于决策变量 D 的两个决策节点 M 和 M'，M 和 M' 处于相同信息集当且仅当 $\mathrm{inst}(M)$ 和 $\mathrm{inst}(M')$ 对 $Pa(D)$ 赋值相同。

下面考虑机会节点的分叉概率。考虑对应于机会变量 C 的机会节点 N，对 $C=c, c\in \mathrm{dom}(C)$，令 N_c 为 N 的子节点，需要计算从 N 到 N_c 的概率。在主体选择决策规则之前，MAID 并没有定义完整联合分布。将问题转化为对 MAID M 选择任意策略组合 σ，在 BN $M[\sigma]$ 上计算

$$P_{M[\sigma]}(\mathrm{inst}(N_c)\mid \mathrm{inst}(N)) \tag{3.2}$$

若 D 在 C 之前分叉，$\mathrm{inst}(N)$ 包含了 D 及其所有父节点取值，所以 σ_D 并不影响(3.2)式；若 D 在 C 之后分叉，在 ID 中 D 不能够影响其祖先节点。因此，(3.2)式取值独立于策略组合 σ。

给定 G 的实例，可通过计算效用节点的分布定义叶节点的支付，对于叶节点 N，主体 a 的支付为

$$\sum_{U\in U_a}\sum_{u\in \mathrm{dom}(U)} P_{M[\sigma]}(U=u\mid \mathrm{inst}(N))\cdot u \tag{3.3}$$

$\mathrm{inst}(N)$ 确定了 D 及 $Pa(D)$ 取值，因此主体的行动和信息都是确定的，并且策略组合中每个行动被选择的概率相互独立。所以，(3.3)式取值仍独立于策略组合 σ。

3.2.1.3 策略依赖和关联图

如果确定某个决策变量的最优决策规则，需要知道其他决策变量的决策规则，就存在策略依赖，下面是正式定义。

定义 3.5（策略依赖） 在 MAID M 中，令 D 为一个决策节点，δ 为其决策规则，σ 为策略组合，使得 δ 对于 σ 最优。D 策略依赖于决策节点 D'：如果存在策略组合 σ'，使得 σ' 同 σ 仅在 D' 处不同，而 δ 对于 σ' 非最优；并且不存在 δ' 最优，使得 δ' 同 δ 在所有父节点实例概率大于零处相同。

换言之，如果 D 的决策规则 δ 对于 σ 最优，而对于仅在 D' 处不同的 σ' 也最优，那么 D 与 D' 策略无关。上述定义的策略依赖是一个数值准则，取决于 MAID 中的特定概率和效用。确定策略依赖必须检测所有可能的策略组合。类似于 BN 中的 d-分割，策略依赖的判断也存在仅通过图结构就能识别的定性准则，这

就是 s-可达。

D 决策规则的最优性仅取决于其后继的效用节点 U_D，同 D 无法影响的其他的效用节点无关。考虑 D 依赖于 D'，那么 D' 一定能够影响效用节点 U_D 的概率分布。要确定某个节点的 CPD 是否影响其他节点的概率分布，可以使用 BN 上的图准则——必要概率节点。

定义 3.6（必要概率节点）　令 G 为一个 BN 结构，X 与 Y 为此 BN 上的变量集合。若某个节点 Z 为 $P(X|Y)$ 的必要概率节点，则存在两个 G 上的 BN 结构 B_1 和 B_2，它们的 CPD 仅在 Z 处不同，但是 $P_{B_1}(X|Y) \neq P_{B_2}(X|Y)$。

根据定义 3.6，如果 D' 为 $P(U_D|D, Pa(D))$ 的必要概率节点，则 D 依赖于 D'。Geiger 等[262]提出了判断节点 Z 是否为 $P(X|Y)$ 必要概率节点的图准则。类似地，可以定义检测策略依赖的图准则：s-可达。

定义 3.7（s-可达）　在 MAID M 中从 D 到 D' 是 s-可达的，则：存在效用节点 $U \in U_D$，添加 D' 新父节点 $\hat{D}$，给定 $Pa(D) \cup \{D\}$，从 D' 到 U 存在活动路径（Active path）。

根据定义 3.7 可知，如果从 D 到 D' 非 s-可达，则 D 不依赖于 D'；如果在一个 MAID 中，从 D 到 D' 是 s-可达的，则在具有相同图结构的 MAID 中 D 依赖于 D'（见文献[205－206]定理 1 与定理 2）。注意 s-可达是非对称关系，这与 d-分割不同。s-可达是一个二元关系，可表示为有向图。

定义 3.8（关联图）　MAID M 结构诱导的关联图是一个有向图：节点为 M 的决策节点，包含边 $D \rightarrow D'$ 当且仅当从 D 到 D' 是 s-可达的。

如果 D 依赖于 D'，当且仅当关联图中存在边 $D \rightarrow D'$。决策节点 D 的所有 s-可达节点可通过贝叶斯球（Bayes-Ball）算法[263]确定。关联图中具有循环依赖关系的决策变量聚合成不同的簇（完全子图），将这些簇视为超节点，整个关联图又可视为“有向无环图”。在此“有向无环图”上递归计算各簇内的纳什均衡，依据这个思想，Koller 和 Milch 将多人大型博弈分解为若干个小型博弈，并开发了可求解一般 MAID 的递归算法[205－206]。

3.2.2　基于多主体影响图和博弈论的军事对抗决策分析与建模

3.2.2.1　军事对抗决策建模需求分析

军事对抗决策问题的研究通常有两类方法。第一类方法研究在一定环境下（即其他决策者干预策略已知），应用最大期望效用等理论计算指定决策者的最优干预策略;第二类方法研究决策者的指定策略对环境演变的影响。这两类方法的共同特征是将具有对抗性特征的多方动态问题简化为单方静态问题,通过固定一些变量来研究其他变量;这种处理虽然给分析和求解一些复杂问题带来了极大便利,但其代价是可能忽略问题的某些核心特征,导致此类方法在应对现实复杂决策问题时效果大打折扣。

军事对抗决策本质上是具有对抗性的决策行为,对其进行分析与建模也必须考虑对抗性,进而也必须考虑人因复杂性(循环依赖性)。红方决策依赖于蓝方决策,蓝方决策也依赖于红方决策,这种对抗性活动的结果应该是纳什均衡,是一个不动点。因此,分析具有循环依赖性的决策态势,应该采用博弈论框架,寻找均衡行动,而不是最大效用下的行动。在上述复杂态势下进行决策,必须快速精确分析态势的结构信息,这就需要为此类问题寻找简洁有效的分析建模框架。

面向人因复杂性的军事对抗决策分析与建模框架需解决两个问题:第一,为使指挥员在短时间内快速建立对态势的全局信念,所用框架要能够描述多个主体间相互对抗的复杂决策态势,并以简洁的方式建立全局视图;第二,为便于指挥员理解问题结构,快速确定干预策略,必须考虑如何处理人因复杂性,这要求所用框架要能够精确识别不同决策主体决策变量间的策略依赖关系,特别是循环依赖关系。

BN 和 ID 模型本质上是有向无环图,虽然可以用来分析决策问题中多个变量间的依赖关系,但是无法描述循环依赖关系;而且传统 ID 模型只包含一个决策主体,描述的是单个决策者对决策态势的信念;因此,它们难以满足军事对抗决策建模的需求。MAID 模型虽然仍属于有向无环图,但是它能够用于分析包含多个决策主体的复杂决策态势,并且其结构诱导的关联图可以精确地识别描述不同决策主体间的策略依赖关系,包括循环依赖关系,而且还能提供更为丰富的决策支持信息。因此,本节将军事对抗决策问题置于博弈论框架之下,从分析多个决策主体之间决策行为的依赖关系入手,理解和处理人因复杂性,借助多主体影响图和博弈论对军事对抗决策问题进行分析和建模,通过求取纳什均衡为指挥员提供现实有效的决策支持。

3.2.2.2 军事对抗决策的多主体影响图模型

作为直观的图模型,MAID 可以简洁地描述多方冲突环境下的军事对抗问题。不失一般性,假设军事对抗决策的双方分别为红方和蓝方,军事对抗决策问题的 MAID 见图 3.1。红方决策者通过对战场状态 CS 的观测 O_R 进行决策 D_R,

S_R 和 PS_R 分别为决策实施前后的红方状态，SA_R 和 PSA_R 分别表示决策前后的态势评估，根据对决策实施之后战场状态 PCS 的观测 PO_R 以及态势评估 PSA_R 确定效用 U_R。蓝方相应各变量以及红蓝双方的对抗态势如图 3.1 所示，红蓝双方决策者决策所需信息以及决策结果的级联效应都反映在该 MAID 模型中。需要说明的是，图 3.1 中的模型是根据军事对抗决策的一般流程建立的，具体问题的 MAID 形式不会完全一样，虽然有的情况模型还要简单一些，但大多数现实情况下的模型都很复杂。

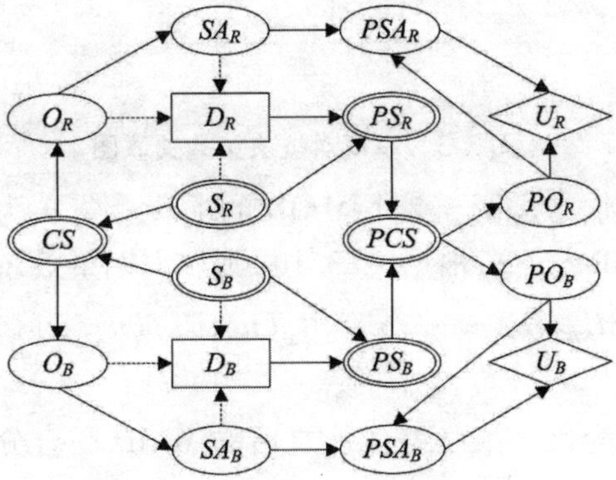

图 3.1　军事对抗决策问题的 MAID

为识别决策行为的循环依赖关系，在图 3.1 中的 MAID 上运行 Bayes-Ball 算法，检测 D_R 到 D_B 是否 s-可达，结果见图 3.2（图中计算结果信息表示方法及其

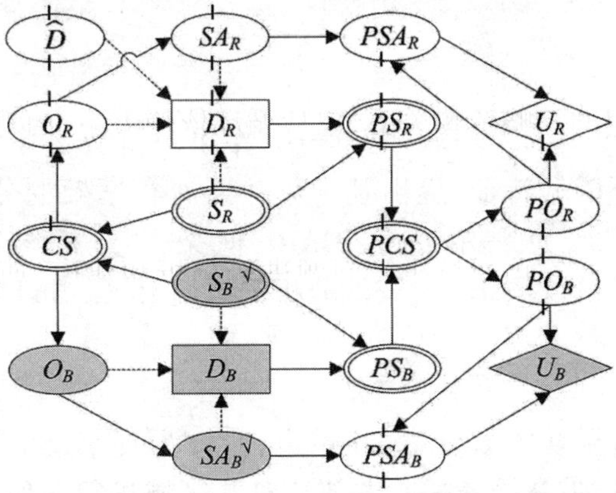

图 3.2　Bayes-Ball 算法运行结果

含义见文献[263])。该 MAID 中存在活动路径 $\hat{D} \to D_R \to PS_R \to PCS \to PO_B \to U_B$，所以蓝方决策 D_B 依赖于红方 D_R，根据对称性，红方决策也依赖于蓝方决策，所以双方决策循环依赖。

根据军事对抗决策的 MAID 模型及 Bayes-Ball 算法结果，可以得到军事对抗决策红蓝双方决策行为的依赖关系如图 3.3 所示。军事对抗决策的关联图可以精确地描述不同决策主体决策变量间的依赖关系，包括循环依赖关系。

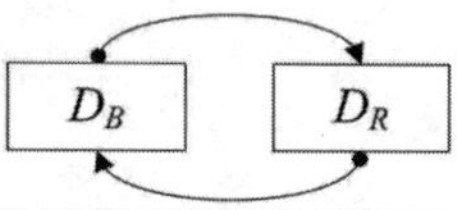

图 3.3　军事对抗决策的关联图

下面以红方为例，考虑图 3.2 中 MAID 的求解。令 σ 为策略组合，$U=\{U_R, U_B\}$，$u=\{u_R,u_B\}\in \mathrm{dom}(U)$，根据式(3.1)，则红方期望效用为

$$EU_R(\sigma) = \sum_{\substack{(u_R,u_B)\in \\ \mathrm{dom}(U_R,U_B)}} P_\sigma(u_R,u_B)(u_R+u_B) \tag{3.4}$$

式(3.4)中，$P_\sigma(\cdot)$为代入策略组合 σ 之后的 MAID 联合分布。若 $\forall \sigma'_R$，有

$$EU_R(\sigma_B,\sigma_R^*) \geqslant EU_R(\sigma_B,\sigma'_R) \tag{3.5}$$

则在策略组合 σ 下 σ_R^* 最优。根据纳什均衡定义可知，任何偏离均衡的行为都将导致其期望效用减小。因此，如果策略组合 σ 对于红蓝双方为纳什均衡，那么在 σ 下 σ_R 最优。

3.2.3　案例分析

瑞典学者 Brynielsson[193, 260]研究表明，军事对抗决策中指挥员对于战场态势的判断存在循环依赖特征，提出基于贝叶斯博弈框架的分析方法，并应用于 Harnosand 想定[193]。为展示基于 MAID 框架的分析与建模过程以及同 Brynielsson 框架[193]的效果比较，案例分析仍采用 Harnosand 想定。

3.2.3.1　Harnosand 想定

结合图 3.4 简要复述 Harnosand 想定，蓝方为友军，红方为敌军。某年，某海域形势日趋紧张，带有给养的蓝方部队对此区域进行不间断监控。部队根据伴随入侵行为发生的事件判断威胁状况。

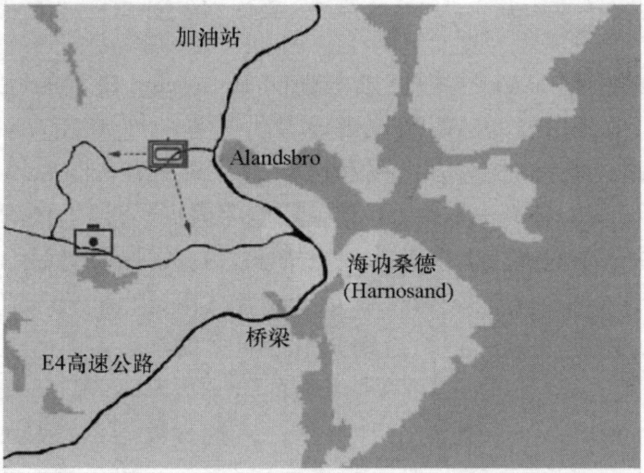

图 3.4　Harnosand 想定地形图[193]

××月××日 1:00 一股敌军部队从 Harnosand 北部 50km 海域登陆。来自平民的报告称,这股部队大概包括两个重型坦克连和一个机械化步兵连。同时,来自海岸警卫队的报告称在此海域发现大面积油污以及一批无法辨认的朝向 Harnosand 的货船。蓝方有大约一个营的兵力驻扎在 Harnosand 附近,包括西南方向护卫 E4 高速公路的一个坦克连,西面小路沿线的一个炮兵编队;除此之外,位于 Harnosand 指挥中心有大约一个连的参谋人员,具有一些监视和巡逻装备,在此区域内还可以组建规模和装备能力不定的志愿巡逻队。蓝方指挥官立即断定这股敌军的目标是攻占并控制 Harnosand 港口,因为 Harnosand 是这一海域唯一可以停靠大型船只的港口,红方占领 Harnosand 将为更大规模的入侵做准备。蓝方指挥官当即部署无人机监控通向 Harnosand 的主要道路。

1:20 无人机发现 Harnosand 西南方向 E4 高速公路上一个红方坦克连正朝向东北开进。蓝方指挥官推断红方坦克连的目标是控制 E4 高速路上的桥梁,以便于随后其他敌军部队进入 Harnosand。1:30 志愿巡逻队报告在 Harnosand 北部的一个加油站发现敌军坦克,同时另一组志愿巡逻队炸毁了 E4 公路上的桥梁。1:32 Harnosand 西部的功蓝方炮兵编队依据巡逻队的情报向加油站开火,巡逻队随后报告加油站发生剧烈爆炸并毁伤了加油站里面的红方坦克,同时大概有一个排的未受损伤的敌军坦克继续向南进发。1:45 Alandsbro 岔路口的侦查人员报告:加油站爆炸幸存的坦克由此路口向西进发,而未受损伤的坦克仍向南接近 Harnosand。

3.2.3.2 分析与建模

蓝方指挥官根据1:45的报告,断定朝向Harnosand进发的红方坦克是要进入并控制该市;向西进发的敌军坦克则要对付蓝方的炮兵编队。在推断后者敌军坦克将要采取的行动时,蓝方指挥官遇到了一些困难。红方坦克出现在加油站可能表示它们需要补充油料,也可能有其他原因。另外,即使确实需要补充油料,也有可能在蓝军炮火攻击前就补充完毕了。有关油料的问题非常重要,它决定了红方坦克选择沿道路行驶(记为[R])或者从田野直插(记为[T])。如果坦克油料不足,就必须沿道路行驶,否则会消耗更多的油料。

蓝方指挥官的炮兵编队存在两种可能的行动方案:挖战壕(记为[D])或者利用东侧道路向Harnosand撤退(记为[W])。挖战壕若遭遇敌军攻击,将导致对等的战斗(势均力敌)。撤退则风险很大:如果红军沿道路行驶,蓝军将成功撤退;若红军从田野直插过来拦截,蓝军会被歼灭,装备将被用于对Harnosand的入侵。

红方指挥官也不确定蓝军是否知道自身油料状况。因为,红方沿道路行驶的行动效果取决于蓝方是否撤退,但是这点红方也不明确;而蓝方每种选择的效果又取决于红方是否沿道路行驶。即便红方并不缺乏油料,从田野直插也不见得是最好的选择,因此节省油料对后续战斗将非常关键。这里红蓝双方的决策行为的效果是互为因果的,具有循环依赖特征。

如图3.5(a)所示,MAID反映了上述决策态势,只有一个机会变量即红方的油料状况,红方决策时明确知道该机会变量的值,而蓝方不知道。红蓝双方的决策变量以及该机会变量共同决定了双方的效用变量。深浅两种颜色的效用节点表示具有相同父节点的两个效用节点的合并。该MAID结构诱导的表示策略依赖关系的关联图见图3.5(b)。

设机会节点概率分布为:油料充足概率为α,油料不足概率为$1-\alpha$,相应的博弈树如图3.6(支付值定义同文献[193],博弈结果第一个元素为蓝方支付,第二个元素为红方支付)。注意到,该博弈树同Brynielsson框架得到的贝叶斯博弈树完全相同(见图3.7)。

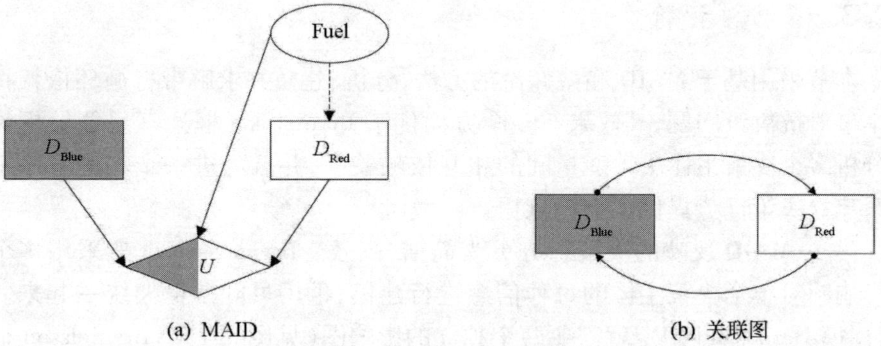

图 3.5　Harnosand 想定建模

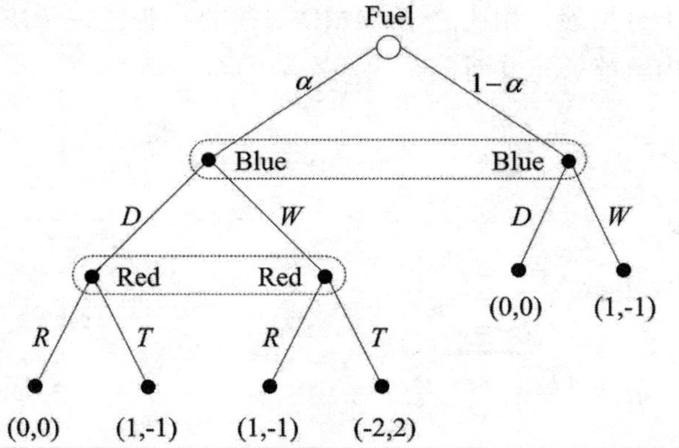

图 3.6　同图 3.5(a)等价的博弈树

上述博弈树均衡结果依赖于变量 α，当 $\alpha \leqslant 1/4$ 时，唯一的纯策略均衡为

$$\begin{cases} \sigma_{\text{Blue}}(\cdot) = [W] \\ \sigma_{\text{Red}}(\cdot \mid \text{enough\_fuel}) = [T] \\ \sigma_{\text{Red}}(\cdot \mid \text{out\_of\_fuel}) = [R] \end{cases} \tag{3.6}$$

$\alpha > 1/4$ 时，无纯策略均衡，混合策略均衡为

$$\begin{cases} \sigma_{\text{Blue}}(\cdot) = \dfrac{1}{4}[W] + \dfrac{3}{4}[D] \\ \sigma_{\text{Red}}(\cdot \mid \text{enough\_fuel}) = \dfrac{4\alpha - 1}{4\alpha}[R] + \dfrac{1}{4\alpha}[T] \\ \sigma_{\text{Red}}(\cdot \mid \text{out\_of\_fuel}) = [R] \end{cases} \tag{3.7}$$

3.2.3.3 方法评价

本节采用基于 MAID 和博弈论的方法,分析、建模并求解带有循环依赖特征的军事对抗决策问题,其效果在多个方面优于 Brynielsson 框架[193],能够更深刻地分析多个决策主体决策变量间的相互依赖关系,并且为进一步利用策略依赖关系建立决策优势提供了支持依据。

第一,MAID 反映的决策态势更为简洁、高效。Brynielsson 框架采用多个传统影响图对单个决策主体的每种信念进行建模,再用贝叶斯框架统一起来。例如,建模 Harnosand 想定就需要两个独立的影响图(见图 3.7)。Brynielsson 框架采用的这种分析方式,在问题比较复杂的情况下,比如对于冲突中的多个事件同时具有不确定性的情况下,描述决策态势所需的影响图个数将成指数增长,导致问题分析过程十分烦琐。相比之下,MAID 只需要一张图表示决策态势,使得指挥员在短时间内就能够建立对复杂决策态势的全局信念。

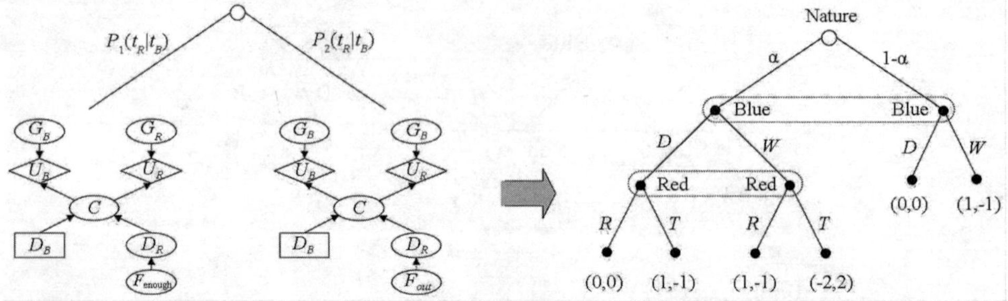

图 3.7 Brynielsson 框架建模主要过程

第二,采用 MAID 结构诱导的关联图表示策略依赖更加直观易懂、一目了然。Brynielsson 采用贝叶斯博弈框架,用条件概率表示决策变量间的依赖关系,这使得决策问题的结构信息隐藏于 CPD 背后,一旦遇到大型问题,决策者很难根据包含大量数据的 CPD 产生关于决策问题结构信息的直观认知。关联图则直接利用图元素描述策略依赖,形象地展示了不同决策主体间的循环依赖结构,简单直观、易于理解。

第三,利用关联图建模策略依赖关系具有完备的概念、算法基础。*s*-可达定义在图结构上,概念清晰,可以准确地识别策略依赖关系。另外,Bayes-Ball 算法[263]可以在线性时间内遍历所有 *s*-可达关系,推导规范。无论面对规模宏大还是结构复杂的 MAID，都可以根据 s-可达关系的判定，逐步按照规则找出 MAID 中的策略依赖关系，就算是采取纯手工的方式也可以在短时间内正确地建立起关联图。当然 Bayes-Ball 算法非常容易转化为计算机程序，只要 MAID 的结构信息确定下来，就可以自动生成其结构诱导的关联图。

第四，采用 MAID 及其结构诱导的关联图建模军事对抗决策还可以提供更为丰富的决策支持信息。s-可达由图结构上的活动路径决定，通过对 MAID 中机会节点的观测或者边的操作（添加或删除）可以产生不同的活动路径集合，从而展示不同的可达策略依赖情况（详见§3.2.4）。策略依赖关系的变化将有可能打破原有局势并建立新的决策优势。由此，本书框架可以为指挥员根据作战使命需要制造或破除同敌方的策略依赖关系提供丰富的决策支持信息。

3.2.4　处理与利用循环依赖性

对于军事对抗决策循环依赖性的处理，是军事对抗决策人因复杂性研究的重要内容，而采用何种方式利用循环依赖性使得决策者能够建立决策优势，才是最具挑战性的工作。基于 MAID 和博弈论的观念分析框架，不仅能够恰当地描述军事对抗决策问题，为处理人因复杂性本质特征的循环依赖性提供途径，同样这种观念框架也为利用循环依赖性提供了手段。

MAID 结构诱导的关联图能够直观描述军事对抗中冲突各方决策行为的相互依赖关系，反过来根据关联图所反映出的决策依赖态势，对关联图的边进行有针对性的操作（反置、删除或者添加等）会形成不同的决策依赖态势，这些操作反映在 MAID 结构上的变化可以提供非常丰富的决策支持信息。表 3.1 列举了一些可能的关联图操作及其结果（浅色为红方图元，深色为蓝方图元），反映在 MAID 结构上的变化，以及实现这些变化的可行途径。在军事对抗决策中指挥员建立、取消（断开、删除）或转变与其他局中人的决策依赖关系，分析不同的循环依赖情景，研究应对与利用该类决策情景对获取决策优势具有重要意义。

表 3.1　循环依赖性的处理与利用示例

关联图操作	结果	关联图	MAID 实现举例	实现途径
边的反置	依赖逆转	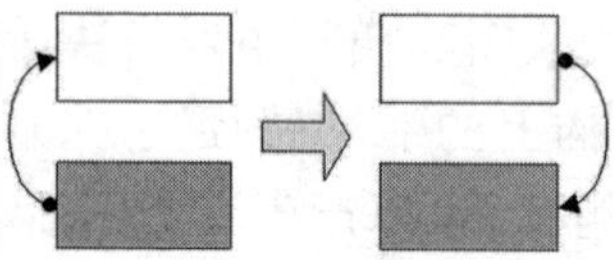	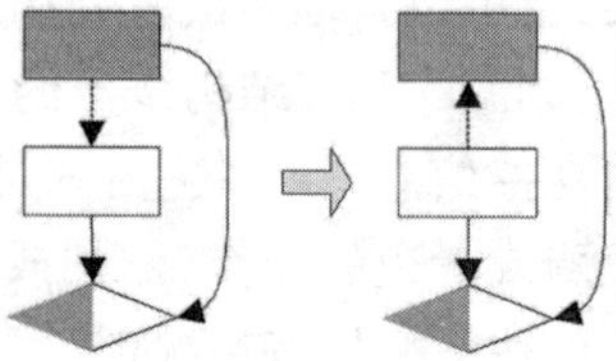	蓝方获取红方决策信息，并隐藏己方信息
边的删除	单向依赖	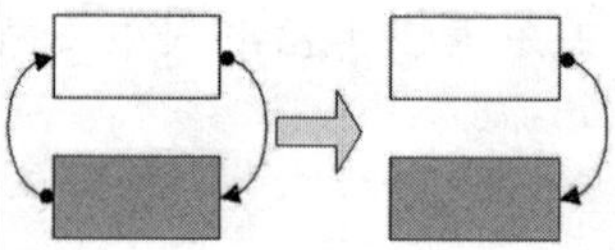	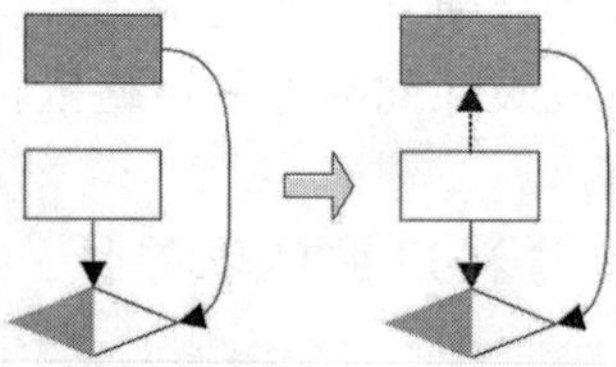	蓝方获取红方决策信息
	解除依赖	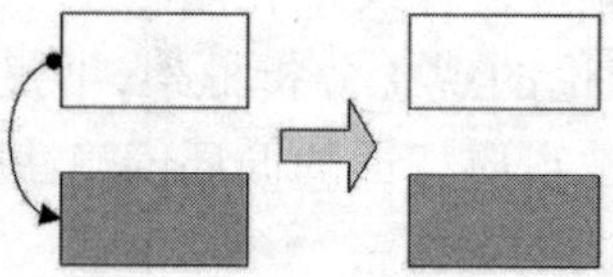	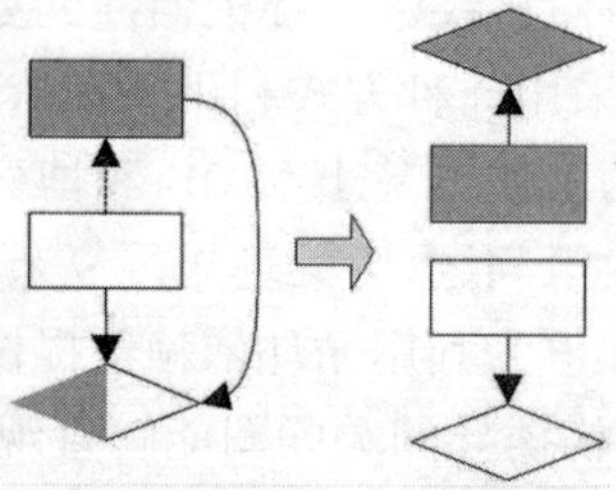	双方决策互不影响，避免冲突发生
边的添加	单向依赖	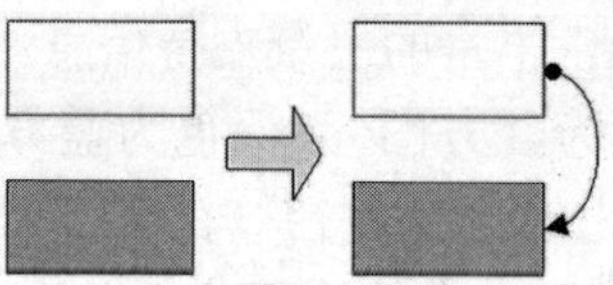	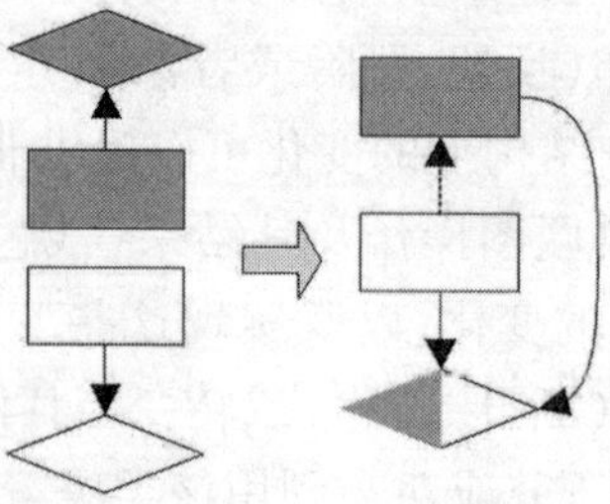	蓝方获取红方决策信息，并隐藏己方信息
	循环依赖	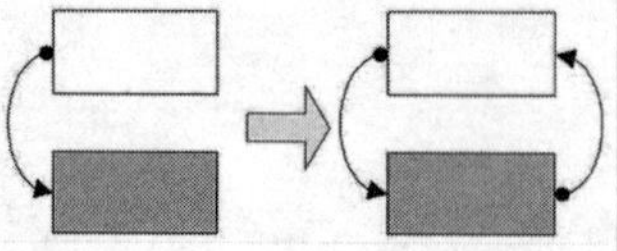	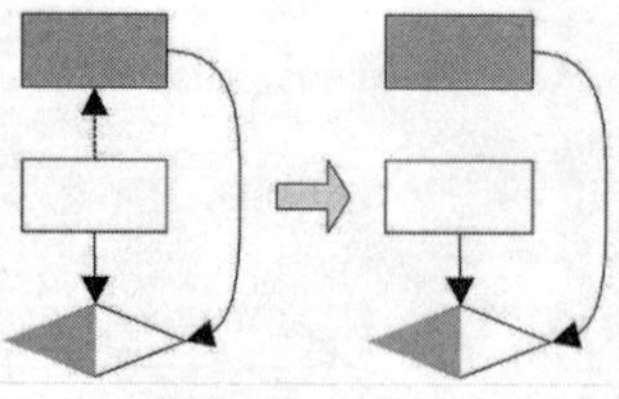	红方避免蓝方获取己方决策信息

3.3 观念分析框架的再认识

3.3.1 观念分析框架的重要意义及其局限性

基于 MAID 和博弈论的分析框架是研究主体对物质世界系统中的研究客体的一种观念,这个观念分析框架无论是看作对军事对抗决策本身的客观物理属性,还是研究主体对其的主观认知,建立这个分析框架的目的就是从人因复杂性角度把军事对抗决策观念化,进而在观念世界中建立对应于物质世界中军事对抗决策的映射。通过基于 MAID 和博弈论的分析框架,将研究主体和客体连接起来,并将其观念化,为在观念框架下建模及求解具体军事对抗决策问题奠定了基础。将基于 MAID 和博弈论的分析框架带入图 2.10 中的人因复杂问题求解框架得到的具体形式如图 3.8 所示。

基于 MAID 与博弈论的分析框架的重要意义体现在将决策问题置于博弈论框架下研究,博弈论为分析军事对抗决策提供了直观的工具,这将有利于理性决策,正如 Haywood[264] 所说:"如果指挥官没有准备做一个策略矩阵,那么他就没有准备做出决策"。

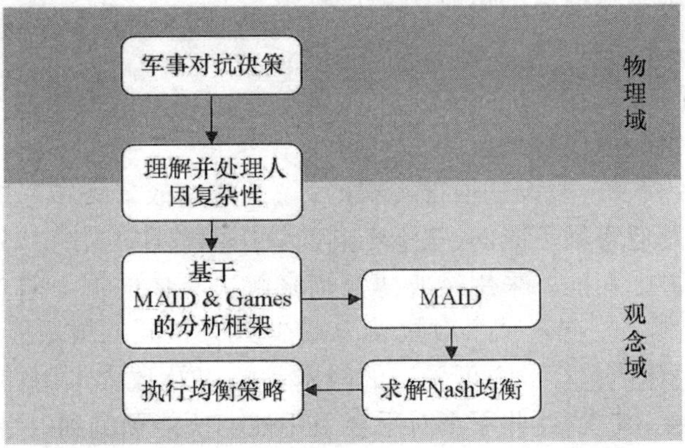

图 3.8　基于 MAID 和 Games 的分析框架

然而,一旦将这个军事对抗决策的观念分析框架下得到的结果反馈到物质世界，它的局限性就显现出来了。§3.2 中的分析框架对于理论上的具有人因复杂性的决策问题能够进行很好的分析，但是应用于现实中的大部分军事对抗决策则具有一定的局限性。现实中的军事对抗决策往往处于不确定性环境下，复杂性凸显，共同知识假设失效，完全理性假设也无法保证，该框架的局限性就在于经典博弈论并未真实反映物质世界中的所有博弈行为。虽然博弈论给出的结果具有严密的理论及逻辑作为基础，但是不见得符合真实冲突的演化，也就是说虽然博弈论的经典理论可以很好地解释部分经济和军事等领域中的策略行为，但是对大多数情况仍难以做出准确的预测，甚至合理的解释。

基于 MAID 和博弈论的分析框架对于人因复杂性的宏观特征的循环依赖性进行了充分的考虑和处理，但是对于不确定性和有限理性的建模能力存在局限。因此，为分析不确定性环境下的军事对抗决策，需要在已有观念框架的基础上，根据其与物质世界军事冲突的差异，寻求对观念框架的变革，以使得新的观念框架既保留原有框架对决策循环依赖性的处理机制，又能够描述并处理不确定性和有限理性。

3.3.2 对经典博弈论框架下理性、均衡及共同知识等概念的再认识

采用经典博弈论分析军事对抗决策往往基于一系列假设[265]：

- 交战双方所要达到的作战目的必须是对立的；
- 决策者能够在一系列的作战过程中得到对应的策略，而且在作战过程中一旦采取了某种策略就不能更改；
- 交战的结果基于双方所采取的策略；
- 交战者必须能在同一层次上对可能的战斗结果做出预测，而且交战双方对战斗结果的预测值应该是相同的。

事实上，最后一个假设是很难实现的，除了对交战最终结果的预测外，双方在交战中的预测通常是不同的，基于不同的效用函数和不同的决策思想，所做出的决策评估不可能相同。采用经典博弈论来解决具体的军事对抗决策问题时，存在很多的困难[265]：首先军事对抗各方很少具有相同的情报能对敌方的情况进行评估，这些评估包括敌方可采用的战术策略以及敌方采用特定的战术策略所能产生的结果；其次，这些军事对手会采用他们所能预测到的结果来对问题进行判断，而这些结果的度量标准通常又是不同的。因此，为建立说服力更强的观念框架必须对现有框架中的经典博弈论涉及的核心概念和观念进行深刻反思。

在经典博弈论中，理性和均衡是两个密切相关的概念，理性的局中人会选择

均衡策略,反之选择均衡策略的局中人是理性的。对于经典博弈论的质疑集中在均衡概念上,包括纳什均衡在内的各种均衡概念并不总是能成功地预测现实中的博弈结果。纳什均衡具有多重性,然而决策一般仅能选择一个行动,对于多个均衡策略的取舍是个难题,并且就算找到一个准则可以选取一个行动,也无法保证同其他局中人一起达到同一个均衡结果。此外,纳什均衡还具有不完全性,当其他局中人不采取均衡策略时,纳什均衡不能告诉决策者在此情况下该如何行动。在军事行动中,混合纳什均衡的存在加剧了决策者策略选择的复杂性,虽然可以通过分析博弈的结构信息,获知混合策略中的各纯策略的精确概率,但是具体采取哪个策略带有随机性,就使得策略具有不可预测性。

在军事对抗决策中,非均衡策略往往对决策者构成极大的诱惑,战争史中不乏利用非均衡策略实现重大胜利的例子,究其原因,同“理性”假设密切相关。经典博弈论要求局中人都是理性的,并且理性是共同知识,即大家都是理性的,自己知道其他人是理性的,其他人知道自己是理性的,自己知道其他人知道自己是理性的……理性的局中人选择纳什均衡。但是在军事活动中,对抗双方往往是你死我活的零和博弈,局中人追求最大的胜利,并使对方承受最大的失败。因此,指挥官往往会冒风险选择能使自己达到最大效用的非均衡策略,结果很可能会是一方大胜且另一方惨败的最具诱惑力而非均衡的策略。如果为每个策略定义一个诱惑因子,它应该同此策略下的收益成正比,当然每个策略还应该附带风险指数和机遇指数,这些指数同决策者掌握的关于敌方的信息密切相关。

注意到,只有在共同知识和理性假设满足的情况下,均衡结果才会出现,经典博弈论才具有解释力和预测力。经典博弈论作为一种观念框架是对物质世界中的博弈行为的一种理想观念化,并不代表博弈行为的本真。一旦意识到观念系统同物质系统的差异性,就会明白均衡是一种描述,不是一项指示,不能够在军事对抗决策中唯理论行事。经典博弈论要求博弈情景(包括局中人集、策略集和支付函数集)与局中人的理性是共同知识,但是现实中的绝大部分军事对抗决策显然不具备这些共同知识,因此按照经典博弈论处理军事对抗决策问题势必存在巨大隐患。

在基于 MAID 和博弈论的观念分析框架下,局中人是完全理性的,共同知识假设成立,局中人采用均衡策略;而在物质世界中的实际军事对抗决策行为中,局中人并非完全理性而是有限理性的,对于博弈的三要素的认知也存在不确定性,共同知识假设失效,局中人不一定采用均衡策略。因此,基于 MAID 和博弈论的分析框架在处理现实中的军事对抗决策时遇到了两个挑战:第一,经典博弈论的理性假设和共同知识假设在现实军事对抗决策中失效;第二,经典博弈论的均衡概念不能解释或预测现实决策者的实际选择。可见,观念分析框架相对于物质世界中的研究客体的精确性和一致性受到研究主体的有限理性和研究客体的固有不确定性的限制,这也是认知复杂性和情景复杂性的具体表现。

3.4 基于超博弈的观念分析框架变革

军事对抗决策的人因复杂性表明,局中人的决策行为是相互依赖的,红方的决策依赖于对蓝方状态的观测与判断所产生的信念,不过由于"战争迷雾"以及各种不确定性的影响,这种信念未必是对方状态的真实反映,可能存在一定的偏差。所以双方各自在对抗过程中考虑的博弈情景是不同的,超博弈弥补了经典博弈论的这一理论缺陷。

3.4.1 军事对抗决策的超博弈描述

3.4.1.1 超博弈理念

经典博弈论假设局中人是完全理性的,对博弈结构的三要素:局中人集、策略集与支付函数集具有共同知识。通常,超博弈理论假设局中人是有限理性的,对自己所处冲突的博弈结构仅具有有限知识,对于局中人集、其他局中人的策略集和支付函数仅能通过已有信息进行推断,而非完全确定。由于超博弈不再严格要求共同知识假设成立,局中人对于博弈结构的理解并不一致,各个局中人信念下其所处的博弈也不再是同一个。具体而言,超博弈中的局中人可以对下述各项存在不同理解:

- 局中人集合;
- 局中人的策略集;
- 局中人的支付函数;
- 局中人的决策准则;
- 局中人对自己之外的局中人信念的理解(高阶信念);
- 上述各项的任意组合。

根据上述各项,局中人对其所处冲突态势必然会有不同理解。与经典博弈论仅采用一个共同知识下的博弈情景不同,超博弈包含一个博弈情景集合,每一个博弈情景用于描述一个特定局中人的特定视角下的态势。而且在超博弈中，某个局中人很可能具有未被其他局中人知晓的策略，因此超博弈的最终结果很可能出乎某些局中人的意料。这种情况在经典博弈论模型中是不可能发生的。

超博弈是关于物质世界的特定视角下的观点，提供了看待具有特定特征的某些问题的方法，包含一系列的博弈情景，每个博弈情景反映了特定局中人在特定视角下对其所处博弈态势的理解[151]。从研究文献来看，超博弈确实是描述一些问题的特定方面的有效框架，并且可以解释一些现实中发生的又难以符合经典博弈论的博弈行为，那么就有理由相信超博弈也可以在一定程度上对一些问题的可能演化方向做出预测[150-151]。

3.4.1.2　超博弈模型

根据军事对抗决策中局中人具有共同知识程度的几种情况：很少、一些、一致和完全，可以分别将军事对抗决策描述为简单超博弈模型、共生超博弈模型、一致价值超博弈模型以及非合作经典博弈论模型。为便于展示超博弈模型同经典博弈论模型的异同，下面从非合作经典博弈论模型开始分别给出四种模型的六个定义进行描述。

定义 3.9（非合作博弈）　(N,S,u)为非合作博弈，其中，

- $N=\{1,2,\cdots,n\}$为局中人集合；
- $S=\times_{i\in N}S_i$ 为策略集，其中 S_i 为局中人 i 的策略集，称 $s\in S$ 为博弈的一个结果；
- $u=(u_i)_{i\in N}$为支付函数组合，其中 u_i: $S\to R$ 为局中人 i 的支付函数。令 $x,y\in S$，假设 $u_i(x)>u_i(y)$当且仅当局中人 i 认为结果 x 优于 y，且 $u_i(x)=u_i(y)$当且仅当 i 认为结果 x 和 y 无差别。

定义 3.10（简单超博弈）　$(N,(G_i)_{i\in N})$为简单超博弈，其中，

- $N=\{1,2,\cdots,n\}$为参与博弈的局中人集合；
- $G_i=(N_i,S_i,u_i)$为局中人 i 信念下的博弈情景，其中，
  - ◆ N_i 为局中人 i 感知到的局中人集合；
  - ◆ $S_i=\times_{j\in N^i}S_{ji}$为局中人 i 感知到的策略集，其中，S_{ji}为局中人 i 感知到的局中人 j 的策略集；
  - ◆ $u_i=(u_{ji})_{j\in N_i}$为局中人 i 感知到的支付函数组合，其中 u_{ji}: $S_{ji}\to R$ 为局中人 i 感知到的局中人 j 的支付函数。

定义 3.11（二人共生超博弈）　$\forall i,j\in N,((G_i,f),(G_j,g))$为二人共生超博弈，其中，$f$: $S_j\to S_{ji}$，g: $S_i\to S_{ij}$为两个局中人对非己局中人的解释函数。

定义 3.12(n 人共生超博弈) $\{(G_i,(f_{ji})_{j\in N-\{i\}})\mid i\in N\}$ 为 n 人共生超博弈,其中:$\forall j\in N-\{i\}$,$f_{ji}: S_j\rightarrow S_{ji}$。

定义 3.13(一致价值) 令$((G_i,f),(G_j,g))$为一个共生超博弈,如果$\forall s_i \in S_i$ 以及$\forall s_j\in S_j$ 和$\forall \bar{s}_j\in S_j$,满足

$$u_j(g(s_i),s_j)\geqslant u_j(g(s_i),\bar{s}_j)\Leftrightarrow u_{ji}(s_i,f(s_j))\geqslant u_{ji}(s_i,f(\bar{s}_j)) \quad (3.8)$$

则局中人 i 感知到的局中人 j 的偏好同真实情况一致,称 i 对 j 的感知具有一致价值。

定义 3.14(一致价值超博弈) 共生博弈$((G_i,f),(G_j,g))$称为一致价值超博弈当且仅当 i 对 j 的感知具有一致价值并且 j 对 i 的感知也具有一致价值。

在超博弈模型基础上,仍可根据需要定义各种均衡的概念[156],包括超纳什均衡[165]等。均衡一般可以通过稳定性分析[153-154, 156]求取,国内文献中也有展示稳定性分析过程的案例[266],不再赘述。

对于$\forall i,j\in N$,非合作博弈 $G=(S_i,S_j,u_i,u_j)$为共生超博弈$((G_i,f),(G_j,g))$,则有 $G_i=(S_i,S_j,u_i,u_j)$,$G_j=(S_i,S_j,u_i,u_j)$,即$f=1_{S_j}$,$g=1_{S_i}$,这里 1_{S_j}和 1_{S_i}分别为 S_i,S_j 上的单位映射。特别地,如果对于共生超博弈$((G_i,f),(G_j,g))$,满足 $u_i+u_j=0$ 且$f=1_{S_j}$,$g=1_{S_i}$,则$((G_i,f),(G_j,g))$为零和非合作博弈。

3.4.1.3 超博弈应用

一种理论解决实际问题的效果可以从三个方面进行评价:该理论用于描述现实世界中的现象是否贴切,用于解释现象的发展变化是否合理,用于预测现象的可能演化方向是否恰当。根据前文,超博弈在描述、解释和预测现实中的冲突问题的效果要优于经典博弈论,因此可以断定超博弈应用于军事对抗决策仍将会取得较好的效果。下面,利用两个战争史上的真实案例展示超博弈在描述、解释和预测现实中的军事对抗决策的效果。

(1)1940 年纳粹德国攻陷法国

首先回顾一下二战中法国沦陷的军事对抗背景。当时盟军陆上部队大部分为法军,因此由法国领导制定了阻击纳粹德国入侵的计划。法国推断德国仅有两个可能的进攻策略可选择:通过比利时由法国北部边境入侵或者从东部边境攻击马其诺防线。而盟军也有两个选择:重点防御北部边境或者重点防御马其诺防线。事实上,盟军领导层认为应该把重点放在防御北部边境上,因为如果恰好遭遇德国的主力部队,则盟军在装备及人力上都占优;反之,就算德国主要攻击马其诺防线,坚固的马其诺防线也可以为盟军重新部署部队争取足够的时间。

表 3.2 是盟军一方对战争态势的估计，表示为 2×2 矩阵博弈模式，g_1 表示攻击马其诺防线，g_2 表示攻击北部，f_1 表示防御马其诺防线，f_2 表示防御北部，矩阵元素的第一个值为德国偏好，取值越大表示偏好越强烈。盟军为此矩阵博弈的偏好赋值取决于两个指标：希望主力部队能够防御德国的主力攻击，并且如果德国主力攻击马其诺防线将有利于盟军（数据来源见文献[150]）。

表 3.2　盟军的战争态势估计

德国	法国	
	f_1	f_2
g_1	(1, 4)	(2, 3)
g_2	(4, 1)	(3, 2)

根据上面的博弈情景，可以得到唯一的纳什均衡（g_2，f_2），这是经典博弈论给出的预测，并且当时盟军也是按照这个结果进行部队部署的。但是，也正是这个部署使得法国沦陷，导致盟军在欧洲战场一败涂地。那么，这个模型的问题究竟在什么地方呢？事实上无论用元博弈分析或是其他的分析方法都不会由上述模型得到更好的预测。因此，问题不是出在求解模型的方法上，而是模型建构上，也就是说用这样一个模型表述这个战争态势并不合适，需要对问题的建模也就是观念框架进行反思和变革。Bennett[150] 指出，1940 年盟军的惨败并不是由于问题求解做得不足，而在于问题感知和问题建构方面的失误。

下面分析德国方面。最初，德军的作战计划几乎同法国估计的一样，经过德军高层的商讨，认为这个计划的最好结果是代价惨重的僵局（纳什均衡（g_2，f_2）），并且这个僵局对盟军更有利一些，时任德军第 38 军军长的曼施泰因重新制定了入侵法国的作战计划。曼施泰因提出，德国装甲师可以取道比利时、卢森堡和法国交界地区的阿登山区，向西攻击盟军防线链接部色当。由于地形原因，不仅法国甚至连德军高层都认为坦克难以通过阿登山区。在经过坦克专家古德里安的评估之后，曼施泰因坚信这一计划具有可行性并说服了希特勒。同时，曼施泰因意识到这个计划不是没有风险，如果盟军在关键地域于德装甲师通过后进行集中反击，将会使德军突击计划失败，对此曼施泰因想到了针对盟军的后备计划（将部队分成两部分依次通过，则第二部分可以同前一部分形成对盟军反击部队的夹击），然而由于种种原因最终没有被采纳。因此，针对当时的形势，担任盟军首领的法国并不是没有克制德军的方法，遗憾的是没有进一步从敌方视角反思其作战计划。

表 3.3 德军的战争态势估计

德国	法国		
	f_1	f_2	f_3
g_1	(1, 4)	(2, 3)	(2, 3)
g_2	(4, 1)	(3, 2)	(3, 2)
g_3	(3, 2)	(5, 0)	(2, 3)

用博弈论框架建模曼施泰因的作战计划。令策略 g_3 表示德军主力从阿登山区发起突袭;策略 f_3 表示 g_3 的反制策略:按照 f_2 部署兵力,一旦发现德军在阿登山区的任何渗透,立即对德形成夹击之势;g_4 表示 f_3 的反制策略:主力分两路通过阿登山区,由于没有得到高层的认可,g_4 没有最终出现在德军的作战计划上。由此,德国官方(非曼施泰因本人)对冲突态势的建模为 3×3 的矩阵博弈(表 3.3),将前述法国的 2×2 矩阵博弈包含在内。矩阵博弈的结果取值及其解释参见文献[150],按照此博弈情景分析,所得纳什均衡为(g_2,f_3),可见德国采用 g_3 的风险比均衡策略 g_2 要大,这应该也是最初德军将领反对曼施泰因计划的原因。

用超博弈分析上述情况,法、德对抗双方信念中的博弈情景并不相同,并且互相也不了解对方信念下的博弈情景。法国子博弈为 $G_F=(S_F=\{f_1,f_2\},S_{GF}=\{g_1,g_2\})$,均衡为$(g_2,f_2)$;德国的子博弈为 $G_G=(S_{FG}=\{f_1,f_2,f_3\},S_G=\{g_1,g_2,g_3\})$,均衡为$(g_2,f_3)$,易知该超博弈的均衡结果为$(g_2,f_2)$。从理性的角度讲,法国所选择的策略并没有任何问题,但是曼施泰因提出选择 g_3 是不是失去理性了呢?定性的分析,可能是曼施泰因在一定程度上推断出了法国信念下的博弈情景,认定法国选择 f_2 的可能性很大,因此选择了 f_2 的反制策略 g_3,这就是二战中赫赫有名的"镰割"计划。下一章,将建立博弈网模型描述局中人对自己以及其他局中人信念推断的逻辑关系,采用定量方法对曼施泰因这种做法的合理性给予解释。

在这个例子中,曼施泰因不仅清楚地分析了德军所处的冲突态势,并且洞悉了法国信念中其所处的冲突态势,做到了"知己知彼",占据了决策优势。超博弈对这类问题的最大启示在于不能假设敌方对态势的建模同自己一致,不同的局中人对冲突态势的认识可能不同,必须充分、彻底地推断敌方的信念,以尽可能全面的视角分析所处的冲突态势,才能取得更大的胜算。

(2)1973 年中东战争

1973 年 10 月 6 日,出乎以色列的意料,埃及出兵偷袭了以色列。在 1967 年之后,以色列政府和军队的高层都认为埃及不再具备侵犯以色列的军事能力,因此对埃及任何形式的部队调动都认为是“常规演习”。基于上述想法,以色列面对埃及的部队调动没有动员自己的部队。然而,埃及恰恰将部队调动伪装为演习,并且以 10 月 1 日为限,如果以色列开始调动部队则埃及改为演习,否则就突袭以色列。如表 3.4 和 3.5 所示,双方对于可能发生的军事冲突的博弈结构存在不同理解,以色列和埃及的博弈结构分别为 G_I 和 G_E,博弈结果第一个元素为埃及收益,第二个元素为以色列收益(策略含义及数据来源详见[171][268])。埃及和以色列根据各自的博弈结构预测对方可能的行动分别为:以色列不会调动部队,埃及只是在演习。双方这样的信念导致了 1973 年 10 月 6 日发生的事件。

表 3.4　以色列的战争态势估计 G_I

埃及	以色列	
	动员	不动员
战争	$(1,a)$	$(2,b)$
演习	$(4,c)$	$(3,d)$

表 3.5　埃及的战争态势估计 G_E

埃及	以色列	
	动员	不动员
动员,战争	(g, d)	$(4,b)$
动员,演习	$(3,e)$	(f, c)
不动员,战争	$(2,a)$	$(2,a)$
不动员,演习	$(2,a)$	$(2,a)$

通过上述战争史上两个真实的军事冲突的案例描述,可以发现,在军事冲突中,参与对抗的各方是你死我活的核心利益的零和对抗。因此每一方都想方设法获取关于敌对方决策准备的信息,又千方百计地隐藏自己的信息,甚至于故意泄露假的信息扰乱敌方决策。现实中的军事对抗决策处于极端的不确定性环境下,那种对于自己关于博弈情景的某种信念过分自信,从而盲目地认为已经做到

"知己知彼"的做法是极其危险的。事实证明,在利用经典博弈论分析问题的过程中必然会遇到共同知识假设失效等困境,而超博弈很好地处理了此类假设失效问题。在上述两个案例中,军事对抗的双方对于其所处的同一个战场态势的理解各不相同,因此仅靠单方面对战场态势的估计进行决策势必存在重大隐患。在下一章中,将详细讨论如何根据超博弈描述的战场态势建立科学有效的决策方法。

3.4.2 军事对抗决策观念分析框架变革

3.4.2.1 观念框架变革需求分析

根据第二章对军事对抗决策复杂性及人因复杂性特征的分析,以及§3.3对于军事对抗决策观念分析框架的复杂性再认识,可知采用经典博弈论等硬运筹方法难以有效处理现实中的军事对抗决策。由于军事冲突以人为中心的特性,必须引入软问题、软运筹以及软系统方法等进行研究。具体而言,军事对抗决策具有以下几方面"软"特性。

(1)军事对抗决策由大量具有主观能动性和智能的局中人构成。局中人根据自己对于环境的观测建立关于冲突态势的单方面观念模型,根据这个观念模型进行决策实现自身目标。另外,局中人会根据实时获取的信息更新其观念模型。

(2)可以将局中人看作为一个信息处理和通信系统中的具有有限信息的处理器。每个局中人都具有特定的和有限的信息处理能力(有限理性),遵循特定的信息通道发送和接收信息。

(3)局中人的决策行为对其他局中人产生直接和强烈的影响,同时局中人的决策行为也受其他局中人决策行为的影响。

(4)局中人面临并需要处理大量的不确定性和复杂性,导致其没有足够时间和信息充分了解其他局中人。因此,局中人仅具备有限的认知和物理机能,使之时刻处于误解或误会其他局中人的风险之中。

由于军事对抗决策所涉及的复杂性及人因复杂性,决策过程必然基于战场的不完美知识[269]。受此影响,不同局中人对于军事对抗决策态势下的策略以及结果的观点并不相同,因此超博弈更适合于对这样的态势进行建模。在理论上可以推断这些不同包括(不完全归纳):

- 局中人的知识、技能不同;

- 开始态势评估时的不同；
- 进行态势评估(证据处理)的能力不同；
- 对计划推断的理解不同；
- 持有信息不同(开发计划以及实施计划过程)；
- 不同局中人计划的弹性以及鲁棒性不同；
- 时间约束；
- 局中人的创造性不同。

显然,对于具有上述特征的决策问题,采用超博弈进行分析更加恰当,这是对于处在物质世界中的军事对抗决策的一种新的、不同的认识角度,是对观念框架的变革。根据前文论述,当问题在现有观念框架下为无限复杂问题或者对于问题的某些特征无法做出合理的解释的情况下,会触发研究主体对于观念框架的反思和变革。经典博弈论建立在一系列严格的假设下,然而现实中军事对抗决策的复杂性和人因复杂性导致此类问题并不满足共同知识与理性等假设,因此必须引入能够有效描述此类人因复杂问题的理论框架。

引入超博弈替代经典博弈论对军事对抗决策进行描述,为决策主体和辅助决策人员带来了新的理论解读视角,不仅能够丰富研究者和实践者对于军事对抗决策活动的观念认识,也增强了对于军事对抗决策行为的描述、解释和预测等方面的功效,具有重要的理论价值和实际意义。作为军事对抗决策分析框架的研究,本章以递进形式,展示新的观念框架及其变革对于问题描述和建模的效果。下面,围绕若干重要概念,阐释观念框架变革(超博弈替代经典博弈论)之后的观念框架在描述功能方面的提升。

3.4.2.2　若干重要概念

由人因复杂性决定的军事对抗决策的一个突出特征是共同知识假设失效,军事对抗冲突中的各个局中人的知识(包括对于情景的认识、信息及策略等)是非对称的,并且每个局中人的知识都具有不完全性和不确定性。在采用超博弈理论描述军事对抗决策活动的基础上,可以自然引入一些分析军事对抗决策活动的重要概念。

假设在外部视角下,某军事冲突可表示为非合作博弈 $G=\{N,S,U\}$,对于某个局中人 $i\in N$,其单方视角下的冲突态势为 $G_i=(N_i,S_i,U_i)$。

(1)决策需求

局中人 i 的决策需求就是 $G=\{N,S,U\}$,因为如果具备 G 的完全知识,就意味着 i 完全了解其他所有局中人的决策信息。在 1940 年法国沦陷案例中,德国的军事计划包含了对抗双方的所有决策信息，因此德国和法国的决策需求都是 $G = G_G$。决策需求明确了决策者进行决策时所需要的完全信息，但现实情况下决策需求往往无法完全获知。

(2)决策位置

局中人 i 的决策位置反映了处于冲突中的 i 信念下的冲突态势 $G_i = (N_i, S_i, U_i)$，因此每个局中人的决策位置就是超博弈模型中隶属于该局中人的子博弈情景。在1940年法国沦陷案例中，法国处于决策位置 G_F，德国处于决策位置 G_G。决策位置明确了决策者在决策过程中实际具备的信息，它往往是决策需求的某个子集，甚至是仅包含决策需求的某个子集(该子集之外的决策位置信息为错误信息)。

(3)决策形势

局中人 i 的决策形势反映了处于冲突中的 i 的决策位置同决策需求的差异，因此每个局中人的决策形势就是该局中人对于冲突态势的信念同决策需求的差异。在1940年法国沦陷案例中，法国的决策形势为 $G \cap \overline{G_F} = G_G \cap \overline{G_F}$，德国的决策形势为 $G \cap G_G = \varnothing$。

决策需求、决策位置和决策形势三个概念之间的关系见图3.9，分别以局中人集、策略集和支付函数集为维度确定一个立方体。由于局中人 i 仅具有关于冲突态势的不完全知识，i 的决策位置处于决策需求之中，两个立方体的差异反映了 i 所处的决策形势。考虑到关于态势信息的错误推断，决策位置立方体并不一定一直处于决策需求立方体之中。

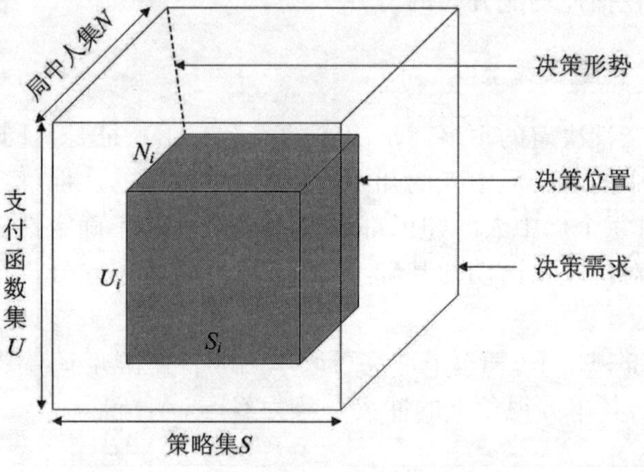

图3.9 决策需求、决策位置和决策形势三者关系示意图

(4)决策优势

局中人 i 具有决策优势表明 i 具有关于冲突态势的完全知识,即 $G_i = G$,意味着 i 的决策位置等同于决策需求,决策形势为空集。在现实的军事对抗决策中,也可以采用相对决策优势的概念表明某个局中人相对于其他局中人具有决策优势。假设局中人 $i,j \in N$,局中人 i 具有相对决策优势,则有 $G_i \supseteq G_j$,如图 3.10 所示。在 1940 年法国沦陷案例中,德国相对于法国具有相对决策优势,同时,德国也具有严格的决策优势。

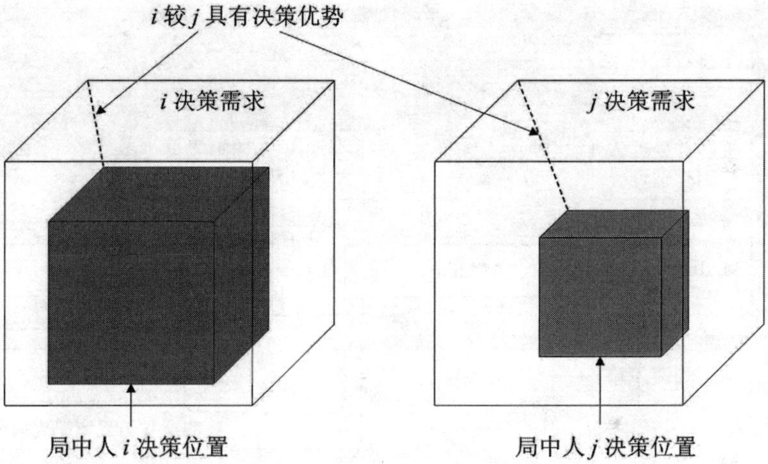

图 3.10　相对决策优势示意图

3.4.3　基于多主体影响图和超博弈的军事对抗决策分析框架

利用超博弈更新§3.2 中分析框架的经典博弈论部分,可使得观念分析框架适应更加广泛的问题。基于 MAID 和超博弈的军事对抗决策观念分析框架,提供了帮助决策者或者辅助决策人员理解战争冲突态势的新方法和新视角,能在已有方法基础上,对问题产生更加深入的认识,为建立新的决策方法提供了认识论基础。

如图 3.11 所示,物质世界中的军事对抗决策是本书的研究对象,而人因复杂性是一个特定的研究角度。根据理解和处理人因复杂性的研究需求,建立了基于 MAID 和博弈论的观念分析框架,在此框架下将军事对抗决策建模为 MAID,求解纳什均衡并执行均衡策略,这是§3.2 的研究内容。§3.3 对基于

MAID 和博弈论的分析框架进行了反思,关注其同物质世界中真实军事对抗决策的差异,得到了新的研究需求:共同知识假设失效、局中人有限理性以及决策所涉及的各种因素都具有不确定性;为满足新的研究需求,需对已有框架进行变革,进而得到基于 MAID 和超博弈的观念分析框架,在此框架下将军事对抗决策理解为超博弈问题,并建模为 MAID。MAID 可以有效分析决策行为的循环依赖性,而将军事对抗决策的求解转化为博弈网的求解,博弈网的建模和求解将在第四章和第五章中讨论。

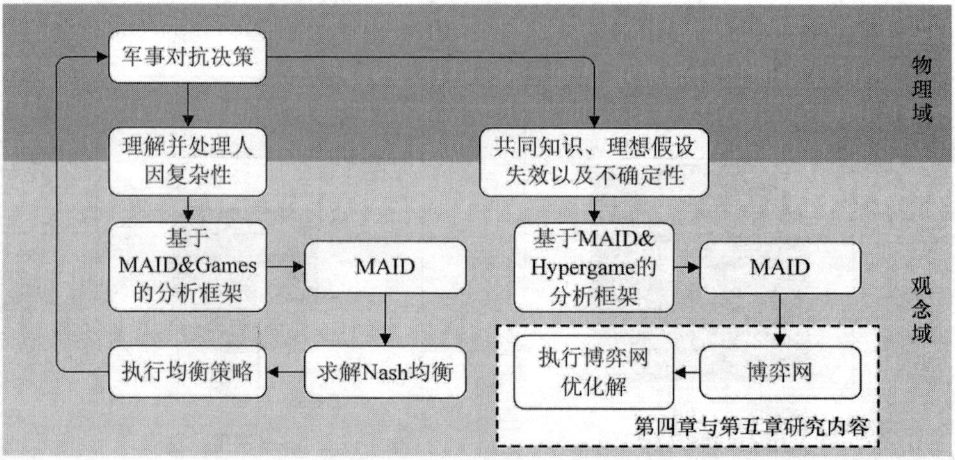

图 3.11 基于 MAID 和 Hypergame 的分析框架

至此,可以总结面向人因复杂性的军事对抗决策的观念分析框架的基本步骤:第一步,问题构建,分析决策者参与的军事冲突的博弈三要素(博弈情景),以及决策者对于其他各局中人信念下的军事冲突的博弈情景;第二步,分析每个局中人需要决策的各个子问题,以及影响每个决策的各种因素,构建 MAID;第三步,识别策略依赖关系,生成 MAID 结构诱导的关联图;第四步,针对每一具有完全图结构的关联子图构成的子冲突,分别描述为超博弈问题;第五步,对每个超博弈问题利用博弈网进行建模和求解(见第四章和第五章);第六步,综合求解整个军事对抗决策问题。

3.5　本章小结

本章建立了面向人因复杂性的军事对抗决策观念分析框架,为描述和理解现实中的军事对抗决策行为提供了全新的视角。首先,将军事对抗决策置于博弈论框架下,将其描述为多主体影响图,根据多主体影响图结构诱导的关联图可以有效地识别不同决策者决策行为的依赖关系,能够直观地分析人因复杂性本质特征的决策行为循环依赖性;其次,针对现实中不确定性环境下的军事对抗决策的具体复杂性特点,分析了经典博弈论处理现实军事对抗决策的局限性,对基于多主体影响图和博弈论的分析框架进行了反思,提出利用超博弈替代经典博弈论应对现实中共同知识和理性假设失效的困境,经过变革进一步建立了基于多主体影响图和超博弈的军事对抗决策观念分析框架。本章研究遵循第二章中人因复杂问题求解框架的基本思路,研究结论进一步印证了该求解框架的指导性和有效性。

第四章　基于博弈网的军事对抗决策建模及应用

4.1　概述

在第三章中，采用多主体影响图分析大规模军事对抗决策问题，利用关联图将其分解为一系列策略循环依赖的子问题，并指出现实军事冲突中这些子问题的分析与求解需要引入超博弈。本章继续上述研究思路，探讨如何应用超博弈研究这些策略循环依赖的军事对抗决策子问题。

作为一种修复经典博弈论缺陷的问题建构方法[199]，超博弈应属于软运筹方法范畴，但是在20世纪70年代末、80年代初超博弈概念问世后，从公开出版的文献来看，其仅在80年代掀起一股研究高潮，步入90年代特别是20世纪以来，研究文献极其有限，这种现象同三十年来软运筹理论、方法与应用的研究热潮似乎非常矛盾。究其原因，除去一部分原有研究者包括Bennett（超博弈创始人）本人转入研究处理更加一般冲突问题的Drama理论[200-203]之外，还有一个重要原因在于超博弈到目前为止理论层面的研究还仅停留在概念和理念上，因此除了对一些冲突问题进行事后分析少有其他重要进展，只有建立新的模型和方法对超博弈进行深层次的剖析，才能在理论和实践上更进一步。本章提出的博弈网模型正是对超博弈问题描述的图模型，能够直观、简洁地建模超博弈问题的基本特征，并且博弈网模型自身的性质还能揭示超博弈问题的一些深刻特征。在此基础上，基于博弈网的决策方法为超博弈在更加接近现实的人因复杂问题中的广泛应用奠定了基础。

在前述章节讨论的军事冲突中，信息不完全性及不确定性决定了信息还具有不对称性，即作战各方所掌握的信息在内容和数量上均不一致。这打破了经典博弈论的共同知识假设，超博弈问题本身充分体现了局中人面临的不确定性和有限理性困境,因此可以采用超博弈方法分析此类问题。本章建立了描述超博弈的图模型——博弈网,并在此基础上将军事对抗决策过程等价为博弈网的建立、修正和求解过程,最后用战争史上真实发生的实例展示了本章研究成果的实际应用效果。

4.2 博弈网模型

4.2.1 模型描述

4.2.1.1 博弈网定义

在不确定性环境下,有限理性的局中人对其所处的博弈问题具有不同信念。这里包括两种情况:不同局中人对同一个博弈问题的信念可能不同,同一个局中人对其所处博弈也可能具有多种信念,每种信念都对应于某个局中人视角下的一个博弈情景。因此,根据局中人及其信念之间的逻辑关系,每个博弈问题都对应于一个信念网络——博弈网。博弈网可以描述不确定性环境下包含有限理性局中人的对抗决策问题,即可以描述共同知识假设失效下的博弈问题——超博弈。

定义 4.1(博弈网) 设 $V=\{v_1,v_2,\cdots,v_n\}$ 及 $E=\{e_1,e_2,\cdots,e_m\}$ 为有限集,其中,$n,m\in\mathbb{Z}^+$,V 的每个元素都对应于某个局中人信念中的一个博弈情景,E 的每个元素都对应于某个局中人关于某两个博弈情景的信念,则称二元关系,

$$\mathrm{NoG}=\langle V,E\rangle \tag{4.1}$$

为博弈网(Network of Games, NoG),其中,V 称作博弈网的顶点集,E 称作博弈网的边集。

公式(4.1)中 NoG 的顶点集由一组局中人各自信念中的博弈情景集合组成。图 4.1 中的示例为局中人$\{R,B\}$所处博弈问题 NoG 模型的一部分,$V=\{G, G_1,G_2,G_3,G_4, G_5\}$为顶点集,其中 G 为全局博弈,表示真实进行的博弈情景,其余为各局中人信念中的博弈情景。NoG 中每条边具有一个标识 $ID_{e_j}=\{i,p\}$,其中 $e_j\in E$,表示在此边始点博弈情景中的局中人 i 信念中始点博弈情景以概率 p 呈现为终点博弈情景。例如图 4.1 中,边 $G\to G_1$ 标识为$\{B,0.8\}$,表示 G 中局中

人 B 认为 G 以概率 0.8 呈现为 G_1；局中人虽然处于始点博弈情景中，但是缺乏始点博弈情景的完全信息，仅能以一定概率将其近似为终点博弈情景。边 $G_1 \to G_2$ 标识为 $\{RB, 0.3\}$，表示二阶信念，即局中人 B 认为局中人 R 的信念中 G_1 以概率 0.3 呈现为 G_2。理论上，NoG 可以包括局中人的任意高阶信念，例如 $i_1 i_2 \cdots i_{k-1} i_k (i_k \neq i_{k-1}, k \in \mathbb{Z}^+)$ 表示 i_k 对 $i_1 i_2 \cdots i_{k-1}$ 信念的信念，这是一个 k 阶信念。在建模博弈问题的过程中，可以根据实际情况和所掌握的信息来确定所需分析的信念阶数。

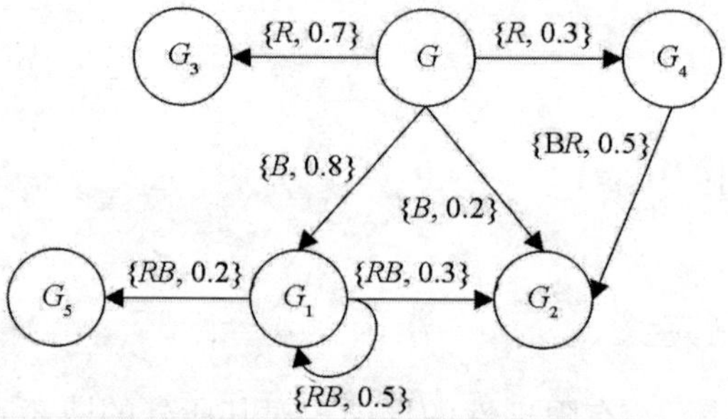

图 4.1　NoG 示例

NoG 概念同 Mura 的博弈网络[270]（Game Networks，GN）以及 Galeotti 的网络博弈[92]（Network Games，NG）字面相似，但内涵均不同。GN 描述多主体决策问题，网络节点为局中人的策略；NG 类似于社会网络，网络节点为局中人，研究某个局中人策略变化对相邻局中人策略的影响。影响图网络[271]（Network of Influence Diagrams，NID）虽然也可以用于分析局中人的信念网络，但 NID 仍要求局中人的策略集为共同知识；并且，不同于 NID 在分析问题时集中在外部视角上[272]，单方 NoG（详见 §4.2.2）提供了个人视角，更适用于分析决策问题。

4.2.1.2　博弈网解析表达

博弈网的图形表达直观形象，但是在面对规模宏大而结构复杂同时具有高阶信念的博弈问题时，纯手工建模具有很大的局限性，必须借助计算机辅助建立 NoG 模型。因此，为便于采用计算机处理，需要引入类似于网络图矩阵表达的解析模式。由于 NoG 结构的特殊性以及所含信息的多样性，其解析表达不能够采用普通矩阵形式，需要引入胞阵描述 NoG 的结构信息。

借鉴 Matlab 中称为胞元数组[273]的数据结构，引入胞元矩阵，简称胞阵。同一个胞阵中不同胞元可以存放不同类型和不同大小的数据，如任意维数值数组、字符串数组或符号对象等。

定义 4.2(邻接胞阵)　$A_{\text{NoG}}=(a_{ij})_{n\times n}$ 称为博弈网 NoG 的邻接胞阵,其中,$n=|V_{\text{NoG}}|$,

$$a_{ij}=\begin{cases}\bigcup_{v_iv_j} ID_{v_iv_j}, & v_iv_j\in E_{\text{NoG}}\\ 0, & v_iv_j\notin E_{\text{NoG}}\end{cases} \tag{4.2}$$

根据博弈网图形模式可以写出其邻接胞阵,给出一个博弈网的邻接胞阵则可绘制相应的博弈网。博弈网与其邻接胞阵一一对应,邻接胞阵包含了它相应图形模式的所有信息。例如表 4.1 为图 4.1 中 NoG 的邻接矩阵 A_{NoG}。

表 4.1　图 4.1 中 NoG 的邻接胞阵

	G	G_1	G_2	G_3	G_4	G_5
G	0	$\{B,0.8\}$	$\{B,0.2\}$	$\{R,0.7\}$	$\{R,0.3\}$	0
G_1	0	$\{RB,0.5\}$	$\{RB,0.3\}$	0	0	$\{RB,0.2\}$
G_2	0	0	0	0	0	0
G_3	0	0	0	0	0	0
G_4	0	0	$\{BR,0.5\}$	0	0	0
G_5	0	0	0	0	0	0

邻接胞阵的每个元素标识 NoG 任意两个节点之间是否存在有向边,之所以采用胞阵而非普通矩阵,是为了包含两个节点之间具有多条有向边的情况,例如表 4.2 为图 4.10(b)中 NoG 的邻接矩阵,节点 G^2 与 G^1 之间存在两条边,此类情形用普通矩阵表示具有很大的局限性。

表 4.2　图 4.10(b)中 NoG 的邻接胞阵

	G^1	G^2
G^1	0	0
G^2	$\{IA,0.8\}$	$\{A,1\},\{IA,0.2\}$

为了定量地研究博弈网顶点与边的关联关系及博弈网的其他性质,下面引入博弈网的另一种解析表达形式。

定义 4.3(关联胞阵)　$B_{\text{NoG}}=(b_{ij})_{n\times m}$ 称为博弈网 NoG 的关联胞阵,其中,$n=|V_{\text{NoG}}|,m=|E_{\text{NoG}}|$,

$$b_{ij}=\begin{cases}\cup_{e_j}ID_{e_j}, & v_i \text{ 是 } e_j \text{ 的头节点}\\ \cup_{e_j}(-ID_{e_j}), & v_i \text{ 是 } e_j \text{ 的尾节点}\\ 0, & v_i \text{ 不是 } e_j \text{ 的头或尾节点}\end{cases} \tag{4.3}$$

根据博弈网图形模式可以写出其关联胞阵,给出一个博弈网的关联胞阵则可绘制相应的博弈网。博弈网与其关联胞阵一一对应,关联胞阵包含了它相应图形模式的所有信息。例如表 4.3 为图 4.1 中的 NoG 的关联胞阵 B_{NoG}。

表 4.3　图 4.1 中 NoG 的关联胞阵

	$G\to G_1$	$G\to G_2$	$G\to G_3$	$G\to G_4$	$G_1\to G_1$	$G_1\to G_2$	$G_1\to G_5$	$G_4\to G_2$
G	$\{B,0.8\}$	$\{B,0.2\}$	$\{R,0.7\}$	$\{R,0.3\}$	0	0	0	0
G_1	$-\{B,0.8\}$	0	0	0	$\{RB,0.5\}$, $-\{RB,0.5\}$	$\{RB,0.3\}$	$\{RB,0.2\}$	0
G_2	0	$-\{B,0.2\}$	0	0	0	$-\{RB,0.3\}$	0	$-\{BR,0.5\}$
G_3	0	0	$-\{R,0.7\}$	0	0	0	0	0
G_4	0	0	0	$-\{R,0.3\}$	0	0	0	$\{BR,0.5\}$
G_5	0	0	0	0	0	0	$-\{RB,0.2\}$	0

关联胞阵和邻接胞阵均可唯一定义 NoG,因此一个 NoG 不仅可以用图形模式描述,也可以用它的胞阵形式描述。NoG 的胞阵解析表述形式可以简化大型 NoG 建模过程,同时为利用计算机辅助建模 NoG 奠定了基础。

4.2.1.3　博弈网实例

(1)NoG 实例一:1940 年纳粹德国攻陷法国

图 4.2 所示的 NoG 模型描述了 1940 年法德冲突的超博弈问题(符号含义及案例背景见§3.4.1.3)。法国代表盟军制定了阻击德军进攻法国的作战计划,法国认为可以用一个 2×2 的博弈情景 G_F 表示其所处的冲突态势。因此法国认为实际冲突态势 G 以概率 1 呈现为 G_F,并且认为德国也依 G_F 制定了进攻计划,即法国认为德国的信念中的冲突态势以概率 1 呈现为 G_F。然而德国进攻计划的制定者曼施泰因推断的冲突态势同 G_F 并不相同,而是 3×3 的博弈情景 G_G。曼施泰因同时推断出 G_F、G_G 皆有可能是法国信念下的冲突态势,但是 G_G 的可能性较小。所以曼施泰因认为 G 以概率 1 呈现为 G_G,并且认为法国信念中的冲突态势以概率 p_1 呈现为 G_G,以概率 p_2 呈现为 G_F,满足 $p_1+p_2=1$ 且 $p_1 \ll p_2$。

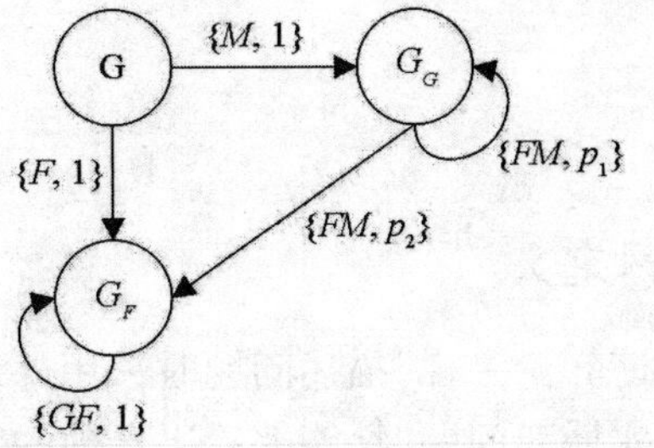

图 4.2　1940 年法德冲突的 NoG

(2)NoG 实例二:1973 年中东战争

图 4.3 所示的 NoG 模型描述了 1973 年埃以冲突的超博弈问题(符号含义及案例背景见 §3.4.1.3)。埃及通过分析确定了以色列偏好向量的六种可能性[171],概率均为 1/6,因此埃及有 1/6 的可能性正确推断到以色列的真实信念。以色列认为埃及不具备入侵的军事实力,因此认为真实冲突态势 G 以概率 1 呈现为 G_I,并且认为埃及信念中的冲突态势也以概率 1 呈现为 G_I。由于埃及实施了试探性的军事计划,对于其所处的冲突态势的认识与以色列不同,并认为真实冲突态势 G 以概率 1 呈现为 G_E。另外,埃及推断出以色列信念的六种可能性,并以概率 1/6 包含了以色列的真实信念。

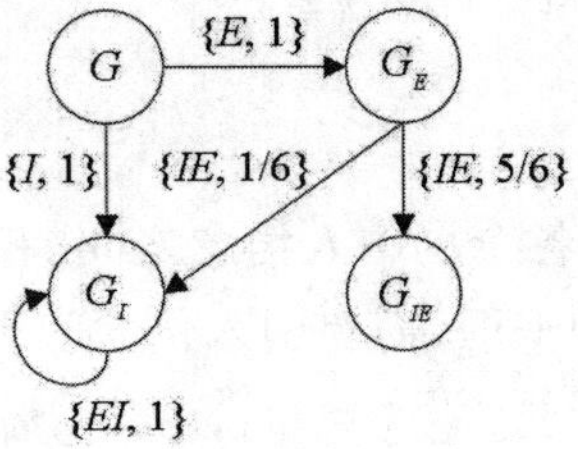

图 4.3　1973 年埃以冲突的 NoG

图 4.2 与图 4.3 将 §3.4.1.3 中描述的两个超博弈问题建模为 NoG 模型,将用语言形式描述的超博弈问题建模为简洁、直观的 NoG 模型,体现了 NoG 模型对超博弈问题描述和解释的实际效果,为决策者分析其所处的对抗冲突态势以及基于态势做出决策奠定了基础。

4.2.2 单方博弈网

4.2.2.1 单方博弈网定义

超博弈理论同经典博弈论一样，描述问题时采用外部视角，因此超博弈理论虽然在事后分析某些现实博弈问题时，能够给出合理的解释，但是对于处于冲突之中的局中人来说，必须寻找个人视角的描述方法以辅助其进行决策。下文提出了单方博弈网的概念，通过构建单方博弈网，局中人不仅可以分析自己所处博弈问题的相关信息，还可以通过推断其他局中人的信念为进一步在单方视角下求解博弈问题奠定基础。

定义 4.4（单方博弈网） 在博弈网中，由全局博弈情景与某个局中人信念下所有博弈情景构成的顶点集合以及相应边集合组成的该博弈网的子网称为此局中人的单方博弈网（Individual Network of Games, INoG）。

根据定义 4.4，令图 4.1 中示例的博弈网为 NoG，两个局中人的 INoG 分别表示如下，

$$\begin{cases}\mathrm{NoG}_B=\langle\{G,G_1,G_2,G_5\},\{G\to G_1,G\to G_2,G_1\to G_1,G_1\to G_2,G_1\to G_5\}\rangle\\ \mathrm{NoG}_R=\langle\{G,G_2,G_3,G_4\},\{G\to G_3,G\to G_4,G_4\to G_2\}\rangle\end{cases}$$

满足 $\mathrm{NoG}_B\cup\mathrm{NoG}_R=\mathrm{NoG}$，$\mathrm{NoG}_B\cap\mathrm{NoG}_R=\{G\}$。

4.2.2.2 信念映射算子

NoG 的拓扑结构揭示了各个局中人信念之间的逻辑映射关系，为证明 INoG 是 NoG 在各局中人信念中的映射，需要引入信念映射算子。

定义 4.5（信念映射算子） 设 $V=\{v_1,v_2,\cdots,v_n\}$ 为博弈网 NoG 的顶点集，局中人 $i\in N$ 的信念映射算子 λ_i: $V\to P$，其中，$P=\{p_j=\Pr(v_j)\}_{j=1}^{n}$ 为 V 上的分布列，满足 $p_j\geqslant 0(j\in\{1,2,\cdots,n\})$，并且 $\sum_{j=1}^{n}p_j=1$。

根据定义 4.5，信念映射算子反映出局中人对于 NoG 顶点集合元素之间关系的信念，在此基础上可以研究信念叠加以及高阶信念。不失一般性，首先从二人博弈问题展开讨论，假设某个博弈问题涉及局中人集 $\{R,B\}$。

命题 4.1 局中人 R 与 B 的信念映射算子分别记为 λ_R 与 λ_B，使得 $G_R=\lambda_R(G)$，$G_B=\lambda_B(G)$，则 $\lambda_{RB}=\lambda_B\cdot\lambda_R$，$\lambda_{BR}=\lambda_R\cdot\lambda_B$。

证明：依据定义 4.5，有 $(\lambda_B\cdot\lambda_R)(G)=\lambda_B(\lambda_R(G))=\lambda_B(G_R)=G_{RB}=\lambda_{RB}$

(G),即

$$\lambda_{RB}=\lambda_B\cdot\lambda_R \tag{4.4}$$

同理可得

$$\lambda_{BR}=\lambda_R\cdot\lambda_B \tag{4.5}$$

证毕。

λ_{RB}为局中人B的二阶信念映射算子,(4.4)式表明,λ_{RB}为B关于R信念映射算子λ_R的信念。因此命题4.1说明局中人虽然不能总是完全知道其他局中人的信念,但是可以通过二阶信念建立关于其他局中人一阶信念的信念,通过高阶信念建立关于其他局中人高阶信念的信念,即可以通过信念映射算子将其他局中人的信念映射到自己的信念之中,从而为必须采用外部视角分析的博弈问题转化为单方视角能够处理的形式提供了可行途径。

在图4.1中示例的NoG的信念映射算子列举如下(顶点后小括号内的数值为映射到该顶点的概率),

$$\begin{cases}\lambda_R(G)=(G_3(0.7),G_4(0.3))\\ \lambda_B(G)=(G_1(0.8),G_2(0.2))\\ \lambda_{RB}(G)=(\lambda_B\cdot\lambda_R)(G)=\lambda_B(\lambda_R(G))=(G_5(0.2),G_1(0.5),G_2(0.3))\\ \lambda_{BR}(G)=(\lambda_R\cdot\lambda_B)(G)=\lambda_R(\lambda_B(G))=(G_2(0.5))\end{cases}$$

在图4.2中1940年法德冲突NoG的信念映射算子列举如下,

$$\begin{cases}\lambda_M(G)=(G_M(1))\\ \lambda_F(G)=(G_F(1))\\ \lambda_{FM}(G)=(\lambda_M\cdot\lambda_F)(G)=\lambda_M(\lambda_F(G))=\lambda_M(G_F)=(G_M(p_1),G_F(p_2))\\ \lambda_{MF}(G)=(\lambda_F\cdot\lambda_M)(G)=\lambda_F(\lambda_M(G))=\lambda_F(G_M)=(G_F(1))\end{cases}$$

在图4.3中1973年埃以冲突NoG的信念映射算子列举如下,

$$\begin{cases}\lambda_E(G)=(G_E(1))\\ \lambda_I(G)=(G_I(1))\\ \lambda_{IE}(G)=(\lambda_E\cdot\lambda_I)(G)=\lambda_E(\lambda_I(G))=\lambda_E(G_I)=(G_I(1/6),G_{IE}(5/6))\\ \lambda_{EI}(G)=(\lambda_I\cdot\lambda_E)(G)=\lambda_I(\lambda_E(G))=\lambda_I(G_E)=(G_I(1))\end{cases}$$

通过上面三个例子可知,NoG边集合E中的每一条边都反映了两个博弈情景之间的信念映射关系,因此确定了边集合也就能确定所有的信念映射算子,反之,确定了所有的信念映射算子也就能确定该NoG的边集合。综上所述,可以根据顶点集合与信念映射算子集合定义博弈网。

定义4.1的等价形式:设$V=\{v_1,v_2,\cdots,v_n\}$及$\Lambda=\{\lambda_1,\lambda_2,\cdots,\lambda_m\}$为有限

集，其中 $n,m\in\mathbb{Z}^+$，则称二元关系，

$$\mathrm{NoG}=\langle V,\Lambda\rangle \tag{4.6}$$

为博弈网，其中 V 的元素称为博弈网的顶点，Λ 的元素称为博弈网的信念映射算子。

定义4.1和(4.6)式定义的NoG同其两种胞阵表达之间都是一一对应的，四种形式可以相互转换，是完全等价的。在分析博弈问题时，可以根据需要选取其中一种或几种形式描述问题。

命题4.2 令 $\lambda_R(\mathrm{NoG})$、$\lambda_B(\mathrm{NoG})$ 的顶点集分别为 $V_{\lambda_R(\mathrm{NoG})}$，$V_{\lambda_B(\mathrm{NoG})}$，则有 $V_{\mathrm{NoG}_R}=V_{\lambda_R(\mathrm{NoG})}\cup\{G\}$，$V_{\mathrm{NoG}_B}=V_{\lambda_B(\mathrm{NoG})}\cup\{G\}$。

证明：NoG的顶点集由 $\{G\}\cup V_R\cup V_B$ 构成，其中

$$\begin{cases}V_R=\{G_R,G_{BR},G_{RBR},\cdots,G_{i_1i_2\cdots i_K}\mid\forall K\in\mathbb{Z}^+,i_K=R,\forall k\in[2,K],\text{s. t. }i_k\neq i_{k-1}\}\\ V_B=\{G_B,G_{RB},G_{BRB},\cdots,G_{i_1i_2\cdots i_L}\mid\forall L\in\mathbb{Z}^+,i_L=B,\forall l\in[2,L],\text{s. t. }i_l\neq i_{l-1}\}\end{cases} \tag{4.7}$$

因为 $\lambda_R(G)=G_R\in V_R$，且对于 $\forall K\in\mathbb{Z}^+$ 有 $\lambda_R(G_{i_1i_2\cdots i_K})=G_{i_1i_2\cdots i_K}\in V_R(i_K=R,\forall k\in[2,K]\text{s. t. }i_k\neq i_{k-1})$；又因为 $\forall L\in\mathbb{Z}^+$，有 $\lambda_R(G_{i_1i_2\cdots i_L})=G_{i_1i_2\cdots i_LR}\in V_R(i_L=B,\forall l\in[2,L]\text{s. t. }i_l\neq i_{l-1})$；所以 $\lambda_R(G)\cup\lambda_R(V_R)\cup\lambda_R(V_B)\subseteq V_R$。对于 $\forall G_{i_1i_2\cdots i_K}\in V_R$，如果 $K=1$，则 $G_{i_1i_2\cdots i_K}=G_R=\lambda_R(G)$；如果 $K>1$，则 $G_{i_1i_2\cdots i_K}=G_{i_1i_2\cdots i_{K-1}R}\in V_R=\lambda_R(V_R)$，或者 $G_{i_1i_2\cdots i_K}=G_{i_1i_2\cdots i_{K-1}R}\in\lambda_R(V_B)$；因此，$V_R\subseteq\lambda_R(G)\cup\lambda_R(V_R)\cup\lambda_R(V_B)$。综上可得，$V_R=\lambda_R(G)\cup\lambda_R(V_R)\cup\lambda_R(V_B)$，又 $V_{\mathrm{NoG}_R}=V_R\cup\{G\}$，而 $V_{\lambda_R(\mathrm{NoG})}=\lambda_R(G)\cup\lambda_R(V_R)\cup\lambda_R(V_B)=V_R$，所以 $V_{\mathrm{NoG}_R}=V_{\lambda_R(\mathrm{NoG})}\cup\{G\}$，同理可得，$V_{\mathrm{NoG}_B}=V_{\lambda_B(\mathrm{NoG})}\cup\{G\}$。

证毕。

由命题4.1和命题4.2，易证如下命题。

命题4.3 $\mathrm{NoG}_R=\lambda_R(\mathrm{NoG})\cup\{G\}$，$\mathrm{NoG}_B=\lambda_B(\mathrm{NoG})\cup\{G\}$。

证明：NoG的信念映射集合为 $\Lambda_R\cup\Lambda_B$，其中，

$$\begin{cases}\Lambda_R=\{\lambda_R,\lambda_{BR},\lambda_{RBR},\cdots,\lambda_{i_1i_2\cdots i_K}\mid\forall K\in\mathbb{Z}^+,i_K=R,\forall k\in[2,K],\text{s. t. }i_k\neq i_{k-1}\}\\ \Lambda_B=\{\lambda_B,\lambda_{RB},\lambda_{BRB},\cdots,\lambda_{i_1i_2\cdots i_L}\mid\forall L\in\mathbb{Z}^+,i_L=B,\forall l\in[2,L],\text{s. t. }i_l\neq i_{l-1}\}\end{cases} \tag{4.8}$$

$\forall\lambda_{i_1i_2\cdots i_K}\in\Lambda_R$，$\lambda_R(\lambda_{i_1i_2\cdots i_K})=\lambda_{i_1i_2\cdots i_K}$；$\forall\lambda_{i_1i_2\cdots i_L}\in\Lambda_B$，$\lambda_R(\lambda_{i_1i_2\cdots i_L})=\lambda_{i_1i_2\cdots i_LR}\in\Lambda_R$；所以 $\lambda_R(\Lambda_R\cup\Lambda_B)\subseteq\Lambda_R$，而 $\forall\lambda_{i_1i_2\cdots i_K}\in\Lambda_R$，有 $\lambda_{i_1i_2\cdots i_K}\in\lambda_R(\Lambda_R)$，或者 $\lambda_{i_1i_2\cdots i_K}\in\lambda_R(\Lambda_B)$，因此 $\Lambda_R\subseteq\lambda_R(\Lambda_R\cup\Lambda_B)$。综上可得 $\Lambda_R=\lambda_R(\Lambda_R\cup\Lambda_B)$，又因为 $V_{\mathrm{NoG}_R}=$

$V_{\lambda_R(\mathrm{NoG})} \cup \{G\}$，$\mathrm{NoG}_R = (V_{\mathrm{NoG}_R}, \Lambda_R)$，即 $\mathrm{NoG}_R = \lambda_R(\mathrm{NoG}) \cup \{G\}$，同理可证 $\mathrm{NoG}_B = \lambda_B(\mathrm{NoG}) \cup \{G\}$。

证毕。

容易验证，命题 4.3 在具有多个局中人的 NoG 中仍然成立，即有下述各命题。

命题 4.4　引入下标集

$$\begin{cases} \sum_i = \{\sigma_i = i_1 i_2 \cdots i_k (k = 1,2,\cdots) \mid i_1, i_2, \cdots, i_k \in N, i_k = i, \\ \qquad i_r \neq i_{r+1} (r = 1,2,\cdots,k-1)\} \\ \sum_{-i} = \{\sigma_{-i} = i_1 i_2 \cdots i_q (q = 1,2,\cdots) \mid i_1, i_2, \cdots, i_q \in N, \\ \qquad i_q \in N - \{i\}, i_r \neq i_{r+1} (r = 1,2,\cdots,q-1)\} \end{cases} \tag{4.9}$$

则 $\lambda_i(G_{\sum_i}) = G_{\sum_i}$，$\lambda_i(G_{\sum_{-i}}) = G_{\sum_i}$。

证 明： $\forall \sigma_i \in \sum_i$，$\lambda_i(G_{\sigma_i}) = \lambda_i(G_{i_1 i_2 \cdots i_{k-1} i_k}) = \lambda_i(G_{i_1 i_2 \cdots i_{k-1} i}) = \lambda_i(\lambda_i(G_{i_1 i_2 \cdots i_{k-1}})) = (\lambda_i \cdot \lambda_i)(G_{i_1 i_2 \cdots i_{k-1}}) = \lambda_i(G_{i_1 i_2 \cdots i_{k-1}}) = G_{i_1 i_2 \cdots i_{k-1} i} = G_{\sigma_i}$，因此 $\lambda_i(G_{\sum_i}) \subseteq G_{\sum_i}$；$\forall \sigma_i \in \sum_i$，$G_{\sigma_i} = G_{i_1 i_2 \cdots i_{k-1} i_k} = G_{i_1 i_2 \cdots i_{k-1} i} = G_{i_1 i_2 \cdots i_{k-1} ii} = \lambda_i(G_{i_1 i_2 \cdots i_{k-1} i}) = \lambda_i(G_{\sigma_i})$，因此 $\lambda_i(G_{\sum_i}) \supseteq G_{\sum_i}$。综上可得，$\lambda_i(G_{\sum_i}) = G_{\sum_i}$.

$\forall \sigma_{-i} \in \sum_{-i}$，$\lambda_i(G_{\sigma_{-i}}) = \lambda_i(G_{i_1 i_2 \cdots i_q}) = G_{i_1 i_2 \cdots i_q i} \in G_{\sum_i}$，所以 $\lambda_i(G_{\sum_{-i}}) \subseteq G_{\sum_i}$，$\forall \sigma_i \in \sum_i$，$G_{\sigma_i} = G_{i_1 i_2 \cdots i_{k-1} i_k} = G_{i_1 i_2 \cdots i_{k-1} i}$。根据 $\sum_i$ 定义知 $i_{k-1} \in N - \{i\}$，则 $i_1 i_2 \cdots i_{k-1} \in \sigma_{-i}$，有 $G_{i_1 i_2 \cdots i_{k-1} i} = \lambda_i(G_{i_1 i_2 \cdots i_{k-1}}) \in \lambda_i(G_{\sum_{-i}})$，所以 $G_{\sum_i} \subseteq \lambda_i(G_{\sum_{-i}})$。综上可得，$\lambda_i(G_{\sum_{-i}}) = G_{\sum_i}$。

证毕。

命题 4.5　$\lambda_i(\lambda_{\sum_i}) = \lambda_{\sum_i}$，$\lambda_i(\lambda_{\sum_{-i}}) = \lambda_{\sum_i}$。

证明：只需证明 $(\lambda_i(\lambda_{\sum_i}))(G) = \lambda_{\sum_i}(G)$，$(\lambda_i(\lambda_{\sum_{-i}}))(G) = \lambda_{\sum_i}(G)$。

根据命题 4.4，$(\lambda_i(\lambda_{\sum_i}))(G) = (\lambda_i \cdot \lambda_{\sum_i})(G) = \lambda_i(\lambda_{\sum_i}(G)) = \lambda_i(G_{\sum_i}) = G_{\sum_i} = \lambda_{\sum_i}(G) \Leftrightarrow \lambda_i(\lambda_{\sum_i}) = \lambda_{\sum_i}$；同样，$(\lambda_i(\lambda_{\sum_{-i}}))(G) = (\lambda_i \cdot \lambda_{\sum_{-i}})(G) = \lambda_i(\lambda_{\sum_{-i}}(G)) = \lambda_i(G_{\sum_{-i}}) = G_{\sum_i} = \lambda_{\sum_i}(G) \Leftrightarrow \lambda_i(\lambda_{\sum_{-i}}) = \lambda_{\sum_i}$。

证毕。

命题 4.6　NoG 为博弈网模型，则对于 $\forall i \in N$ 有 $\mathrm{NoG}_i = \lambda_i(\mathrm{NoG}) \cup \{G\}$。

证明：令 $\mathrm{NoG} = (V, \Lambda)$，$\mathrm{NoG}_i = (V_i, \Lambda_i)$，则有

$$\begin{cases} V = \{G\} \cup \{G_{\sum_i}\} \cup \{G_{\sum_{-i}}\} \\ \Lambda = \{\lambda_{\sum_i}\} \cup \{\lambda_{\sum_{-i}}\} \end{cases}$$

$$\begin{cases} V_i = \{G\} \cup \{G_{\Sigma_i}\} \\ \Lambda_i = \{\lambda_{\Sigma_i}\} \end{cases}$$

又因为

$$\begin{aligned} \lambda_i(V) &= \lambda_i(\{G\} \cup \{G_{\Sigma_i}\} \cup \{G_{\Sigma_{-i}}\}) \\ &= \{\lambda_i(G)\} \cup \{\lambda_i(G_{\Sigma_i})\} \cup \{\lambda_i(G_{\Sigma_{-i}})\} \\ &= \{G_i\} \cup \{G_{\Sigma_i}\} \cup \{G_{\Sigma_{-i}^i}\} \\ &= \{G_{\Sigma_i}\} \\ &= V_i - \{G\} \end{aligned}$$

与

$$\begin{aligned} \lambda_i(\Lambda) &= \lambda_i(\{\lambda_{\Sigma_i}\} \cup \{\lambda_{\Sigma_{-i}}\}) \\ &= \{\lambda_i(\lambda_{\Sigma_i})\} \cup \{\lambda_i(\lambda_{\Sigma_{-i}})\} \\ &= \{\lambda_{\Sigma_i}\} \cup \{\lambda_{\Sigma_{-i}^i}\} \\ &= \{\lambda_{\Sigma_i}\} \\ &= \Lambda_i \end{aligned}$$

则

$$\begin{aligned} \mathrm{NoG}_i &= (V_i, \Lambda_i) \\ &= (\lambda_i(V) \cup \{G\}, \lambda_i(\Lambda)) \\ &= (\lambda_i(V), \lambda_i(\Lambda)) \cup \{G\} \\ &= \lambda_i(V, \Lambda) \cup \{G\} \\ &= \lambda_i(\mathrm{NoG}) \cup \{G\} \end{aligned}$$

即 $\mathrm{NoG}_i = \lambda_i(\mathrm{NoG}) \cup \{G\}$

证毕。

命题4.6说明本身作为NoG一部分的INoG实际上包含了对于整个NoG的信念,也就是说INoG是NoG在各局中人信念中的映射,这使得NoG在信念拓扑结构上具有某种分形性质。现实博弈问题中的局中人是有限理性的,无法了解其所处博弈的完全信息,但是他可以用足够高阶的信念去逼近真实博弈情景,即用INoG逼近NoG,这是有限理性局中人应对不确定性的一种可行方法。INoG给出了某个局中人主观视角下关于其所处博弈的信念,为决策者应用决策论方法解决超博弈问题奠定了基础。

4.2.2.3　博弈网的信念结构

定义4.5引入了信念映射算子，将NoG任一个顶点映射到顶点集上的一个概率分布，而信念映射算子作用于某个博弈情景的最终结果是若干个博弈情景的集合（各个情景的概率之和为1）。因此，NoG的信念映射算子实质上是一种算子向量，向量的每个元素依一定概率将某个顶点映射为顶点集中的一个确定元素，当这个概率为0时，映射结果为空，即未反映在NoG图形上的结构。信念映射算子作用于博弈情景，产生了NoG的信念结构，如图4.4所示。

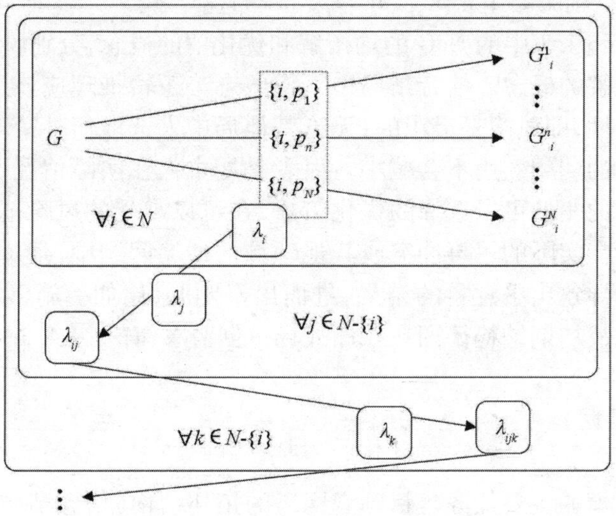

图4.4　NoG的信念映射结构

4.2.3　博弈网的解

考虑到决策过程中的不确定性和决策者的有限理性，在博弈网上可以定义两种形式的解，一种是均衡解（局中人期望选择的策略），另一种是优化解（局中人实际选择的策略）。均衡解反映了局中人在已有对其他局中人信念推断的基础上针对其他局中人的最佳反应；优化解反映了局中人在实际情况下可能偏离均衡解以期望获取更好的效果。在经典博弈论模型中，由于理性和共同知识假设的存在，均衡解和优化解是等价的。在超博弈问题中，博弈网为局中人提供了两种解的概念指导局中人在实际情况下选择合理的策略。

NoG 的解建立在 INoG 的解的基础上，只有每个 INoG 的解确定了，NoG 的解才能确定下来。NoG 的解是在外部视角下各个局中人最终选择的策略，INoG 的解是某个局中人在单方视角下最终选择的策略。INoG 的解的概念见定义 4.13 和 4.14。§4.3.3 中以二人矩阵零和博弈情景构成的二阶信念单方博弈网为例建立了 INoG 的解的求解过程。

定义 4.6(NoG **均衡解**)　令局中人 $i \in N$ 的单方博弈网为 NoG_i，$s_i \in S_i$ 为 NoG_i 的综合均衡解，则策略组合 $\times_{i \in N} s_i$ 为 NoG 的均衡解。

定义 4.7(NoG **优化解**)　令局中人 $i \in N$ 的单方博弈网为 NoG_i，$s_i^* \in S_i^*$ 为 NoG_i 的优化解，则策略组合 $\times_{i \in N} s_i^*$ 为 NoG 的优化解。

定义 4.6 和 4.7 中的 NoG 的均衡解和优化解的概念，分别属于 NoG 的规范性解和描述性解的概念。前者是局中人按照态势逻辑推理应该选取的策略，具有最大的适应性，即风险是最小的；无论其他局中人选取何种策略，采用均衡解策略的局中人的期望效用不会减小。后者是局中人在实际情况下，受提高策略期望效用需求的驱使可以选择的优化策略，在可以承受的风险范围内实现期望效用最大化。在实际的军事冲突或其他领域的冲突问题中，某个局中人优化解的采用往往会导致出乎意料的结果，进而出奇制胜，比如曼施泰因"镰割"计划的实施使得二战初期纳粹德国在欧洲战场重创盟军(详见 §4.3.4.2)。

4.2.4　博弈网建模

博弈网建模的主要任务包括确定网络的拓扑结构(信念结构)、各个节点中博弈情景的三要素(局中人集、策略集与支付函数集)和各个边上的标识取值。NoG 建模包含定性过程和定量过程。NoG 建模的定性过程包括：确定拓扑结构以及确定局中人集、策略集。定量过程包括：确定支付函数集和边标识等相关参数。NoG 建模主要有三种方式：一是依靠专家知识，手工建立模型拓扑结构，给出各节点博弈情景的三要素和边标识；二是利用案例库的案例推理和案例推演，自动获取 NoG；三是混合方法，即首先根据专家知识手工建立 NoG，然后利用案例库的案例推理和案例推演修正先前得到的 NoG。在实际建模过程中，应当综合运用这些方法，以专家知识为主导，以案例库和推演系统为辅助手段，发挥各自优势，充分保证建模的效率和效果。

NoG 建模的基本流程包括问题分析、模型设计、模型测试以及模型修正等四个阶段。问题分析阶段主要明确决策者所处超博弈问题的基本特征，包括 NoG 的博弈子网构成、决策问题所需的 NoG 信念阶数(一般来讲只需分析二阶

NoG)以及案例库中的案例同该超博弈问题是否相匹配等;此阶段任务的完成主要依靠经验丰富的专家团队。模型设计阶段主要确定博弈网的信念结构、各个节点中博弈情景的三要素和边标识。这个过程中还要注意某些参数是否可以依靠案例库或推演系统中已有的数据生成,比如某个局势的效用值可能在之前已有案例中存在等情况;此阶段任务需要以专家知识为主,以案例库和推演系统为辅协同完成。模型测试阶段对各项参数的合理性、一致性以及局中人信念是否完备等进行全面评估,例如,对于同一个节点出发的具有相同标识第一元素的标识集合,要测试其第二元素是否加和为一等情况;此阶段可依靠计算机实现的 NoG 建模工具自动完成。模型修正阶段主要对测试阶段存在的问题进行逐一修正,由案例库和推演系统辅助专家协同完成。NoG 建模的基本流程如图 4.5 所示。

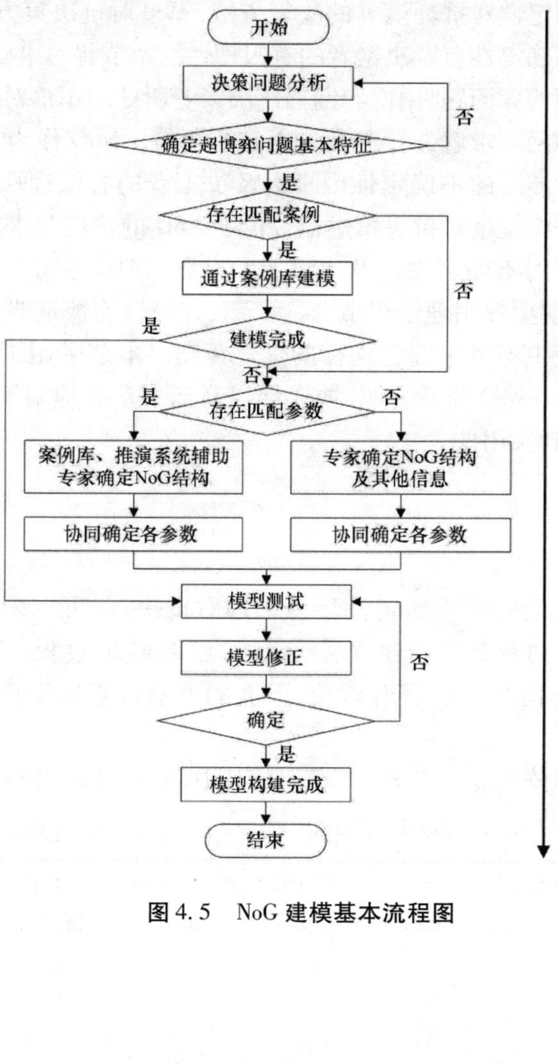

图 4.5　NoG 建模基本流程图

4.3 基于博弈网的军事对抗决策方法

前文分析军事对抗决策具有两个突出的特点，一是它涉及许多不确定性因素，二是决策者是有限理性的，必须在信息不完全条件下进行决策。为了做出好的决策，应当利用一切可以利用的信息，应对未来环境的不确定性。另外，决策者必须对其决策所引起的后果承担责任，或者说必须在"风险"可接受的范围内，使得"收益"尽可能大。

作为一种不确定性对抗环境下的决策方法，军事对抗决策方法必须有效应对决策过程中的不确定性以及决策者的有限理性。本节将军事对抗决策问题视为决策者参与的超博弈问题，用博弈网描述决策者所处的军事对抗情景，进一步通过对其单方博弈网的求解选择方案进而完成决策。NoG 作为一种描述工具，充分考虑了决策所涉及的不确定性因素以及决策者的有限理性。基于 NoG 的军事对抗决策方法将军事对抗决策过程等价于 NoG 的建模与求解过程，可以有效应对决策过程中的不确定性以及决策者的有限理性。在求解博弈网的过程中，将均衡理论和期望效用理论相结合，确定双方综合均衡策略，在可承受的风险范围内可选择至少不劣于综合均衡的优化策略。本节采用了"左勾拳"计划和"镰割"计划，两个案例分析表明，博弈网以及新方法在应对不确定性方面具有可行性、有效性和实用性。

4.3.1 问题描述

军事对抗决策是一种不确定性环境下的对抗决策，可以采用 NoG 进行描述。军事对抗决策过程等价于建立、修正和求解 NoG 的过程。不失一般性，这里以二人零和矩阵博弈为例展开讨论，下文的方法可扩展至多人非零和博弈情况。

令二人零和矩阵博弈为 $G=(N,S,U)$，其中，$N=\{\text{Red},\text{Blue}\}$ 为局中人集，$S=\prod_{1\leqslant i\leqslant I,1\leqslant j\leqslant J}(r_i,b_j)$ 为双方策略集，$U=(u_{ij})_{I\times J}$ 为收益矩阵。行局中人 Red 为效用最大化决策者，列局中人 Blue 为效用最小化决策者；下文假定 Red 为己方，Blue 为敌方，讨论 Red 视角的决策问题。u_{ij} 为 Red 选择策略 r_i，且 Blue 选择

策略 b_j 时 Red 的收益值，Blue 相应的收益值为 $-u_{ij}$。

为后文叙述方便，首先明确几个基本概念。

定义 4.8（情景） 被描述为二人零和矩阵博弈 $G=(N,S,U)$ 的不确定性环境下的军事对抗决策态势。

定义 4.9（典型情景） 决策者认为现实对抗中敌方对其所处博弈态势的信念，即敌方信念下的博弈情景。

定义 4.10（全局情景） 所有典型情景综合集成得到的可以综合反映现实对抗的一个情景。

定义 4.11（等价策略） 在实施过程与结果影响上极为近似的某些策略，记为"策略 1 ~ 策略 2"。策略与策略等价类等价意味着此策略同策略等价类中的每个元素等价。

定义 4.12（等价情景） 行策略集与列策略集对应元素等价的某些情景。

4.3.2　基本思想

军事对抗决策方法的建立需要考虑到如下因素：其一，策略的选取必须建立在对敌方行动的合理预测上；其二，对敌方最不利的行动策略往往就是己方的"最佳策略"；其三，为了最大限度地实现己方的军事目的，必须想尽一切办法限制或调动敌人，从而诱使或迫使敌人尽可能采取对己方相对有利的策略；其四，在选择己方行动策略时，必须谨慎地防止落入敌方所设置的"圈套"之中。

基于 NoG 的军事对抗决策方法共分为四个步骤：

第一，由专家团队根据各种情报及自身经验确定一组现实中敌方可能采用的典型情景，建立初始 INoG，不失一般性，这里仅考虑二阶信念；

第二，将典型情景综合集成得到能够综合反映现实对抗的全局情景；

第三，从全局情景中再次抽取经过修正的典型情景（对应于步骤一中典型情景），得到修正的 INoG，分别计算各典型情景下的纳什均衡，并计算双方的综合均衡策略（即 INoG 的均衡解）；

第四，针对敌方的综合均衡策略，筛选己方优化策略（即 INoG 的优化解）并作风险分析。

4.3.3 方法流程

4.3.3.1 典型情景确定

(1)典型情景集合确定

根据图4.5所示流程,典型情景的确定一般需要专家团队在案例库和推演系统的辅助下完成。假设专家团队给出包含 $K(K\in\mathbb{Z}^{+})$ 个元素的典型情景集合 $\{\bar{G}^{1},\bar{G}^{2},\cdots,\bar{G}^{K}\}$,其中,$\bar{G}^{k}=((\text{Red},\text{Blue}),S^{k},U^{k})$,$k\in\mathbb{Z}^{+}$ 且 $k\in[1,K]$。典型情景集合中的元素是决策者 Red 对于敌方 Blue 信念的推断,但是其关于敌方的信息具有不确定性以及自身的有限理性,难以将敌方信念精确到一个典型情景内,导致典型情景的非唯一性,即多重性,形成了典型情景集合。典型情景的多重性或者说非唯一性,反映了有限理性的决策者缺乏关于敌方的完全信息,即决策者对于敌方信念下的博弈情景的推断具有不确定性。多重情景的引入和处理反映了基于 NoG 的军事对抗决策方法对于不确定性和有限理性等人因复杂性伴随特征的具体应对措施。

(2)初始 INoG 构建

局中人对于典型情景集合中各个元素为真实的概率的判断反映了每个情景的典型性,令 $\bar{G}^{k}$ 的典型性系数为 $\alpha_{k}(\alpha_{k}\in[0,1])$,满足 $\sum_{k=1}^{K}\alpha_{k}=1$。典型性系数的确定有多种方法:第一种是依靠军事专家的经验,依据为以往类似环境下的关于敌方行为的观察;第二种是依靠情报,战争时期关于敌方作战计划情报的重要性是显而易见的;第三种是依靠现代化的兵棋推演系统等的仿真结果;第四种为上述三种方法相结合的方法。典型情景集合是决策者对敌方信念的推断,为二阶信念,因此其元素构成了 Red 的 INoG 的二阶信念节点,建立初始博弈网,如图4.7(a)所示。情景典型性系数依次构成各节点相关边的标识信息,而 Red 对于真实情景 G 的信念以概率1呈现为 G^{R}。

4.3.3.2 全局情景生成

全局情景由典型情景集合中的所有元素综合集成而得,是决策者对敌方多个典型情景的综合评估,涵盖了决策者能够利用的关于敌方的所有信息,可以作为 G^{R} 的进一步更新。全局情景包含两个部分:全局策略集和全局收益矩阵。

(1)全局情景策略集生成

全局策略集由各典型情景下的策略集经过遍历算法生成,令 $\bar{G}^k$ 中两局中人的策略集分别为 $\{r^k_{i(k)}\}^{I(k)}_{i(k)=1}$, $\{b^k_{j(k)}\}^{J(k)}_{j(k)=1}$,下面以局中人 Red 为例构建全局策略集生成的遍历算法。全局策略集为一组策略等价类的集合,其生成遍历算法概要如图 4.6 所示。

STEP 1　当 $k=1$ 时,令

$$当\ r_{i(1)}=r^1_{i(1)},\ 1\leqslant i(1)\leqslant I(1)$$

STEP 2　当 $2\leqslant k\leqslant K$ 时,对于 $1\leqslant i(k)\leqslant I(k)$,若 $\exists i(k-1)$,使得 $r^k_{i(k)}\sim r_{i(k-1)}$,则

$$r_{i(k)}=r_{i(k-1)}\cup r^k_{i(k)}$$

否则令

$$r_{i(k-1)+1}=r^k_{i(k)}$$

图 4.6　全局情景策略集生成的遍历算法

由图 4.6 中的算法可得 $R=\{r_i\}^I_{i=1}$,其中,r_i 为行策略等价类。同理有 $B=\{b_j\}^J_{j=1}$, b_j 为列策略等价类。

(2)全局情景收益矩阵计算

全局收益矩阵 $U=(u_{ij})_{I\times J}$,u_{ij}取值由各典型情景下收益矩阵相应取值根据情景典型性系数确定,即

$$u_{ij}=\sum_k\frac{\alpha_k}{\sum_k\alpha_k}u^k_{i(k)j(k)},\ 其中,\ k\in\{k\mid r^k_{i(k)}\in r_i,b^k_{j(k)}\in b_j\}\tag{4.10}$$

另外,经过上述赋值过程后,如果仍存在某个 u_{ij}未赋值,则由专家团队共同为 u_{ij}进行补充赋值,称为局势补充。

综上可得,全局情景 $G=((\mathrm{Red},\mathrm{Blue}),S,U)$,其中,$S=\prod_{1\leqslant i\leqslant I,1\leqslant j\leqslant J}(r_i,b_j)$,$U=(u_{ij})_{I\times J}$。

4.3.3.3　综合均衡求解

(1)典型情景再抽取

每个典型情景的策略集都等价于全局情景策略集的某个子集,每个局势都等价于全局情景中的某个局势,局势的收益则为所有包含该局势在内的典型情景下相应局势收益的加权平均。因此,每个典型情景都等价于全局情景的某个子情景,可将该子情景抽取出来作为该典型情景的修正情景。在全局情景 G 中

再次抽取修正的典型情景如下，

$$\{G^1, G^2, \cdots, G^H\}, \quad 1 \leqslant H \leqslant K+1 \tag{4.11}$$

其中，集合$\{G^1, G^2, \cdots, G^{H-1}\}$为$G$中等价于$\{\bar{G}^1, \bar{G}^2, \cdots, \bar{G}^K\}$的子情景集合（相同元素需合并），而$G^H = G$，令$G^h = ((\text{Red}, \text{Blue}), S^h, U^h)$，$1 \leqslant h \leqslant H$，此时$U^h$赋值为全局收益矩阵$U = (u_{ij})_{I \times J}$中相应部分的取值。重新确定每个修正典型态势的典型性系数为$p_h \in [0,1]$，$\sum_{h=1}^{H-1} p_h \leqslant 1$，当决策者认为前$H-1$个情景的典型性系数之和不足1，又不确定哪个或哪些情景的系数需要调整时，则可令$p^H = 1 - \sum_{h=1}^{H-1} p_h$。

（2）INoG 修正

在初始 INoG 中用$\{G^1, G^2, \cdots, G^{H-1}\}$替代$\{\bar{G}^1, \bar{G}^2, \cdots, \bar{G}^K\}$作为新的节点，边标识边做出相应调整。用$G^H$更新$G^R$，由于决策者 Red 信念中情景$G$以概率1呈现为$G^R$，$G$与$G^R$（即$G^H$）可合并为一个节点，由此得到修正的 INoG，如图 4.7(b)所示。

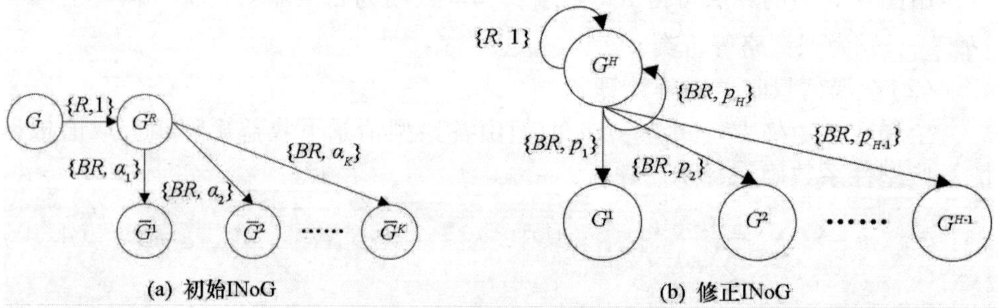

图 4.7　Red 单方博弈网

（3）INoG 综合均衡求解

典型情景$\{G^1, G^2, \cdots, G^{H-1}\}$和全局情景$G$是决策者认为现实中可能发生的对抗情景。考虑到各个情景都有一定的发生概率，因此预测 Blue 最可能采用的策略不能仅根据G下的纳什均衡，而是需要反映这多个情景下纳什均衡及其发生概率的一个综合均衡策略。

分别计算$G^h(1 \leqslant h \leqslant H)$下的纳什均衡$(NR^h, NB^h)$，将向量$NB^h$在全局策略集上进行扩充得到$\hat{NB}^h$（当$j \in \{\{j\}_{j=1}^{J} - \{j\}_{j=1}^{J(h)}\}$时，令对应$b_j$的元素取零即可），得到 Blue 的综合均衡策略为

$$\hat{B} = \sum_{h=1}^{H} p_h \cdot \hat{N}B^h \tag{4.12}$$

$\hat{B}$ 反映了 Red 对 Blue 在双方冲突中最可能采取策略的综合评估，是 Red 在不确定性和有限理性影响下能够做出的最佳预测，因此其对于 $\hat{B}$ 的最佳反应也是其综合均衡策略，即

$$\hat{R} = \sum_{h=1}^{H} p_h \cdot \hat{N}R^h \tag{4.13}$$

策略组合$(\hat{R},\hat{B})$构成了局中人 Red 的 INoG 的综合均衡，由式(4.12)及(4.13)可知，综合均衡为一组情景纳什均衡的加权平均。局中人的综合均衡策略代表该局中人适应性最强，即风险最小的策略。

定义 4.13(INoG 综合均衡解)　INoG 修正典型情景集合各元素下的纳什均衡依典型性系数的加权平均为该 INoG 的综合均衡(Synthetic Equilibrium, SE)，某局中人的综合均衡策略(Synthetic Equilibrium Strategy, SES)为 INoG 的综合均衡解。

4.3.3.4　优化策略选取

(1)优化可行策略集确定

决策者 Red 的可行策略集为 $\hat{R}\cup\{r_i\}_{i=1}^{I}$，其中优化可行策略集为

$$\hat{R}\cup\{r_i \mid 1\leqslant i\leqslant I, EU(r_i,\hat{B})\geqslant EU(\hat{R},\hat{B})\} \tag{4.14}$$

易见优化可行策略集中的策略至少不劣于综合均衡策略，其中，$r_i \in \{r_i \mid 1\leqslant i\leqslant I,\ EU(r_i,\hat{B})\geqslant EU(\hat{R},\hat{B})\}$ 优于综合均衡策略。下面讨论如何从优化可行策略集中选择进一步优化的策略及其风险。令 $\{u_i \mid 1\leqslant i\leqslant I\}$ 为全局收益矩阵 U 的行向量集合，优化可行纯策略的期望效用为

$$EU(r_i,\hat{B}) = u_i \cdot \hat{B} \tag{4.15}$$

(2)优化策略风险评估

当 $\{r_i \mid 1\leqslant i\leqslant I, EU(r_i,\hat{B})\geqslant EU(\hat{R},\hat{B})\} = \varnothing$ 时，Red 的优化策略就是 $\hat{R}$；反之，当 $\{r_i \mid 1\leqslant i\leqslant I, EU(r_i,\hat{B})\geqslant EU(\hat{R},\hat{B})\} \neq \varnothing$ 时，可按照期望效用由大到小依次考察 r_i。如果 Blue 猜透 Red 采用策略 $r_i \in \{r_i \mid 1\leqslant i\leqslant I, EU(r_i,\hat{B})\geqslant EU(\hat{R},\hat{B})\}$，则会采用反制策略 $\mathrm{argmin}_{b_j} u_{ij}$；如果 Blue 不能确定 Red 具体采用哪个策略，

其将采用 $\hat{B}$。令 θ_i 为 Blue 采用策略 $\arg\min_{b_j} u_{ij}$ 的概率，采用策略 $\hat{B}$ 的概率为 $1-\theta_i$，则参数 θ_i 可以衡量 Red 采用优化可行策略 $r_i \in \{r_i \mid 1 \leqslant i \leqslant I, EU(r_i, \hat{B}) \geqslant EU(\hat{R}, \hat{B})\}$ 的风险。因此，Red 采用策略 r_i 的实际期望效用为

$$EU(r_i, *) = \theta_i \cdot EU(r_i, \underset{b_j}{\arg\min} u_{ij}) + (1-\theta_i) \cdot EU(r_i, \hat{B}) \tag{4.16}$$

由上式可知，Red 采用策略 r_i 的实际期望效用依赖于参数 θ_i，它们之间的函数关系以及采用该策略同采用综合均衡策略的期望效用的差异如图 4.8 所示。

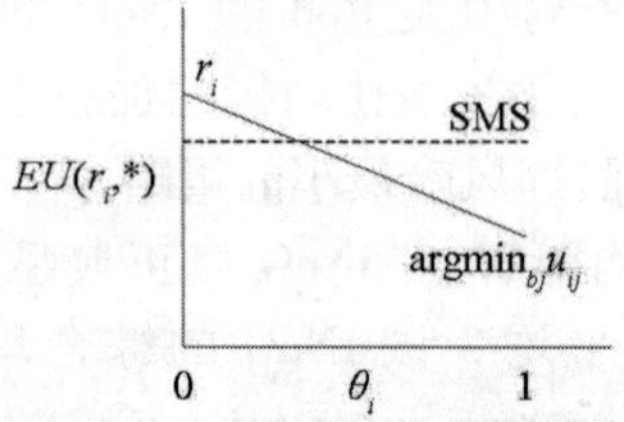

图 4.8　策略被猜透对决策者期望效用的影响

设 Red 与 Blue 分别采用策略 r_i 及 $\arg\min_{b_j} u_{ij}$（概率为 $\tilde{\theta}_i$）时，Red 的期望效用等于双方分别采用 $\hat{R}$ 及 $\hat{B}$ 时的期望效用，即

$$EU(\hat{R}, \hat{B}) = \tilde{\theta}_i \cdot EU(r_i, \underset{b_j}{\arg\min} u_{ij}) + (1-\tilde{\theta}_i) \cdot EU(r_i, \hat{B}) \tag{4.17}$$

解得

$$\tilde{\theta}_i = \frac{EU(\hat{R}, \hat{B}) - EU(r_i, \hat{B})}{EU(r_i, \underset{b_j}{\arg\min} u_{ij}) - EU(r_i, \hat{B})} \tag{4.18}$$

$\tilde{\theta}_i$ 反映了满足 Red 采用策略 r_i 优于 $\hat{R}$ 条件的临界风险。如果经评估认为 $\theta_i \leqslant \tilde{\theta}_i$，表示风险可接受，可以采用优化策略 $r_i \in \{r_i \mid 1 \leqslant i \leqslant I, EU(r_i, \hat{B}) \geqslant EU(\hat{R}, \hat{B})\}$；当 $\theta_i > \tilde{\theta}_i$ 时采用策略 r_i 被对方猜透的风险较大，不建议采用此策略，如无其他风险较低的优化纯策略，仍可采用 $\hat{R}$。上述过程得到的优化策略至少不劣于综合均衡策略 $\hat{R}$，并且可能获得严格优于 $\hat{R}$ 的优化策略 $r_i \in \{r_i \mid 1 \leqslant i \leqslant I, EU(r_i, \hat{B}) > EU(\hat{R}, \hat{B})\}$。

定义 4.14（INoG 优化解）　局中人 Red 的 INoG 的优化解定义如下，

$$\begin{cases} r_i, & \text{当 } \theta_i \leqslant \tilde{\theta}_i \text{ 时} \\ \hat{R}, & \text{当 } \theta_i > \tilde{\theta}_i \text{ 时} \end{cases} \tag{4.19}$$

另外，INoG 的优化解也可以考虑集合$\{r_i \mid 1 \leqslant i \leqslant I, EU(r_i, \hat{B}) \geqslant EU(\hat{R}, \hat{B})\}$上的混合策略，分析过程类似，不再赘述。

至此，可以总结基于 NoG 的军事对抗决策方法的基本步骤，如图 4.9 所示。

STEP 1　典型情景确定

STEP 1.1　典型情景集合确定$\{\bar{G}^1, \bar{G}^2, \cdots, \bar{G}^K\}$

STEP 1.2　初始 INoG 构建，如图 4.7(a)

STEP 2　全局情景生成

STEP 2.1　全局情景策略集生成，采用遍历算法见图 4.6

STEP 2.2　全局情景收益矩阵计算

$$u_{ij} = \sum_k \frac{\alpha_k}{\sum_k \alpha_k} u^k_{i(k)j(k)}$$

STEP 3　综合均衡求解$\{\bar{G}^1, \bar{G}^2, \cdots, \bar{G}^H\}$

STEP 3.1　典型情景再抽取

STEP 3.2　INoG 修正，见图 4.7(b)

STEP 3.3　INoG 综合均衡求解

$$(\hat{R}, \hat{B}) = \sum_{h=1}^{H} p_h \cdot (\hat{NR}^h, \hat{NB}^h)$$

STEP 4　优化策略选取

STEP 4.1　优化可行策略集确定

$$\hat{R} \cup \{r_i \mid 1 \leqslant i \leqslant I, EU(r_i, \hat{B}) \geqslant EU(\hat{R}, \hat{B})\}$$

STEP 4.2　优化策略风险评估

$$\theta_i \leqslant \hat{\theta}_i = \frac{EU(\hat{R}, \hat{B}) - EU(r_i, \hat{B})}{EU(r_i, \arg\min\limits_{b_j} u_{ij}) - EU(r_i, \hat{B})}$$

图 4.9　基于 NoG 的军事对抗决策方法的基本步骤

4.3.4 案例分析

4.3.4.1 “左勾拳”计划

考虑“沙漠风暴”地面行动中多国部队关于选取进攻方式的军事对抗决策问题。局中人为多国部队 A 及伊拉克 I,A 认为 I 可能根据典型情景 G^1 和 G^2 进行防御,概率分别为 0.8 和 0.2,两种典型情景的策略集与收益矩阵具体见表 4.4 和表 4.5,数据来源及策略含义见文献[5]。

表 4.4 “沙漠风暴”地面行动典型情景 G^1

	防御	防御左翼	防御右翼
攻击	-1	-1	-1
攻击右翼	-1	-3	0
攻击左翼	-1	0	-3

表 4.5 “沙漠风暴”地面行动典型情景 G^2

	防御	防御左翼	防御右翼	防御储备	屏蔽	反攻
攻击	-1	-1	-1	1	1	4
攻击右翼	-1	-3	0	1	1	1
攻击左翼	-1	0	-3	1	1	1
包围左翼	3	5	1	2	-1	-2
入侵海滩	1	-3	2	-1	-1	-2
竖直围档	2	0	0	-3	-2	-1

采用基于 NoG 的军事对抗决策方法求解上述对抗决策问题,过程如下。

步骤一:确定典型情景,建立多国部队的初始 INoG,如图 4.10(a)。

步骤二:生成全局情景,按照§4.3.3.2 中方法得到全局情景 $G = G^2$。

步骤三:综合均衡求解,建立修正的多国部队 INoG,如图 4.10(b),分别计算双方的综合均衡策略为 $\hat{A} \approx (0.825, 0.1, 0, 0.075, 0, 0)^T$ 与 $\hat{I} \approx (0.800,$

0.018,0.077,0.000,0.092,0.013)^T。

步骤四:优化策略选取。因为 $EU(\hat{A},\hat{I}) = -0.51$,而 $EU(Envelop\ Left,\hat{I}) = 2.45$,$EU(Invade\ Beach,\hat{I}) \approx 0.78$,$EU(Envelop\ Vertical,\hat{I}) \approx 1.40$,所以策略 *Envelop Left*,*Invade Beach*,*Envelop Vertical* 均严格优于纳什均衡策略 NA^2,分别记为 *EL*,*IB* 和 *EV*。由公式(4.18)可得,$\tilde{\theta}_{EL} \approx 0.67$,$\tilde{\theta}_{IB} \approx 0.34$,$\tilde{\theta}_{EV} \approx 0.43$。策略 *Envelop Left* 来自于典型情景 G^2,可以实现很大的期望效用,多国部队认为伊拉克采用典型情景 G^2 的概率较小,为0.2,因此其认为伊拉克猜透自己采用策略 *Envelop Left* 的概率较小,可认为 $\theta < \tilde{\theta}_{EL}$,所以最终采用了该策略,这就是著名的"左勾拳"计划。

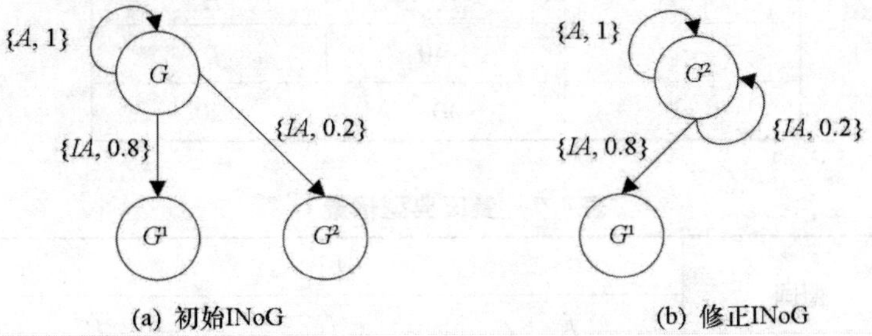

图4.10　"沙漠风暴"地面行动中多国部队的INoG

4.3.4.2　"镰割"计划

采用基于NoG的军事对抗决策方法分析曼施泰因制定的"镰割"计划最终被选取的理论上的合理解释,过程如下。

步骤一:确定典型情景。根据每个对抗局势德军收益的大小将第三章表3.2和表3.3中德国的序数偏好5、4、3、2、1分别转化为基数收益60、40、20、0、-20,则可将表3.2和表3.3转化为表4.6和表4.7中的典型情景,其中,法国在每个局势下的收益为德国收益的相反数(零和博弈)。典型情景 G^2 的典型性系数显著小于 G^1,在此假设 G^1 和 G^2 的典型性系数分别为0.9和0.1,可得曼氏的单方博弈网INoG,如图4.11所示。

步骤二:生成全局情景。按照§4.3.3.2中方法得到全局情景 $G = G^2$。

步骤三:综合均衡求解。计算得到德国的综合均衡策略为 $\hat{G} = (0,1,0)^T =$

g_2,法国的综合均衡策略为 $\hat{F}=(0,0.9,0.1)^T$。

步骤四:优化策略选取。$EU(\hat{G},\hat{F})=19$,$EU(g_1,\hat{F})=0$,$EU(g_2,\hat{F})=19$,$EU(g_3,\hat{F})=54$,因此仅有 g_3 符合式(4.14)。计算 $\tilde{\theta}_3\approx0.65$,而曼施泰因认为法国采用情景 G^2 的可能性只有 0.1,所以有理由相信 $\theta_3<\tilde{\theta}_3$,因此可以选择优化策略 g_3 实现较大的期望效用,这样"镰割"计划的选择就有了理论支撑,而非仅仅是指挥的艺术了。

表 4.6　曼氏典型情景 G^1

德国	法国	
	f_1	f_2
g_1	-40	0
g_2	40	20

表 4.7　曼氏典型情景 G^2

德国	法国		
	f_1	f_2	f_3
g_1	-20	0	0
g_2	40	20	20
g_3	20	60	0

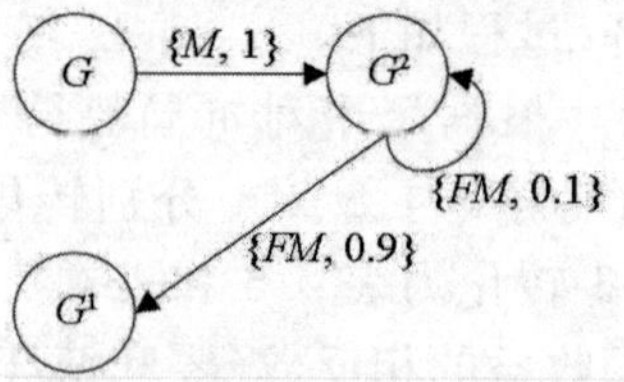

图 4.11　曼施泰因信念下的 INoG

4.3.5 方法评价

决策论研究在约束条件下如何从若干备选方案中找到最优方案,而博弈论研究博弈行为中各局中人是否存在合理的行动方案以及如何找到合理的行动方案,因此决策论是一种特殊的博弈论[274],它的局中人集合是决策者自己;也有观点认为博弈论是一种特殊的决策论[275]。无论哪种观点都承认决策论和博弈论对于很多概念的认识是相通的,比如"效用"等。因此,在分析实际问题的过程中,决策论和博弈论并不是非此即彼的,而是可以根据问题性质结合起来的。

军事行动强烈的对抗性决定了战争迷雾是客观存在的,因此军事对抗决策中的不确定性难以回避。在不确定性环境下,理性人假设和共同知识假设失效,分析军事对抗决策问题必须跳出决策论和博弈论的经典理论。本章提出用基于博弈网的方法描述不确定性环境下的军事对抗决策,可以有效地应对决策过程中的不确定性及决策者的有限理性。基于博弈网的军事对抗决策模型将决策论和博弈论相结合,采用均衡理论预测对方的综合均衡策略,利用期望效用理论选取己方至少不劣于综合均衡策略的可执行策略,兼顾了策略的适应性及其期望效用的最优性,为不确定性环境下的军事对抗决策问题提供了新的分析和求解框架,具有重要的现实意义。用"左勾拳"计划和"镰割"计划两个实例展示了博弈网以及新模型在应对不确定性方面的实际效果。

Vane 等[5]提出应用超博弈选择计划方案,结合博弈论和决策论方法,增加计划的期望效用并减小风险。不过 Vane 方法在使用过程中具有一系列的局限性。首先,Vane 方法在处理多种博弈情景时,假设其中一个博弈可以涵盖其他所有博弈,即其他博弈都是该博弈的子博弈,这在分析实际问题时具有很大的局限性。在军事对抗决策分析中,各个典型博弈情景的策略集不见得都是某个情景的子集,并且相同局势在不同博弈情景中的支付值也不尽相同。其次,对于保守策略的选取,Vane 方法以 NEMS 为基准,本书方法以 SMS 为基准,决策者的 SMS 才是对于敌方 SMS 的最佳反应;Vane 假设决策者在认为敌方已经猜透己方作战计划的情况下,应该采用全局情景的 NEMS 以避险,这实际上假设 NEMS 是对敌方 SMS 的最佳反应。对于这一点,本书认为决策者的 NEMS 是对敌方在全局情景下的 NEMS 的最佳反应,而非 SMS。最后,Vane 方法将其描述框架限定在矩阵中,这在处理多人对抗以及高阶信念时都会遇到困难,而本书方法则不受此限。基于 NoG 的军事对抗决策方法克服了 Vane 方法的一系列局限性,更具普适性和实用性。

4.4 本章小结

本章主要研究了两部分内容:博弈网模型和基于博弈网的军事对抗决策方法。博弈网模型是对超博弈问题进行描述的图模型,能够恰当地反映超博弈的基本特征。本章系统讨论了博弈网的定义、解析表达,并用两个实例展示了博弈网模型的建模效果。在引入单方博弈网的基础上,定义了信念映射算子,证明了“单方博弈网是博弈网在某个局中人信念下的映射”,讨论了博弈网的信念结构。其次,定义了博弈网的两种形式的解的概念,分别是理论意义上的均衡解和实际情况下的优化解。最后,明确了采用博弈网建模超博弈问题的基本流程。基于博弈网的军事对抗决策方法引入了不确定性和有限理性的处理机制。将军事对抗决策过程等价为某个局中人作为决策者的单方博弈网的建立、修正和求解的过程。详细讨论了新方法的基本流程,并用“左勾拳”计划和“镰割”计划两个战史上赫赫有名的军事计划验证了新方法的可行性、有效性和实用性。

第五章 基于扩展型博弈网的军事对抗决策建模及应用

5.1 概 述

现实中的军事对抗决策问题往往具有多领域、多阶段、多层次、多目标和多属性等一般性特征，为研究这类扩展型的军事对抗决策问题，将已有研究推向实用，必须对第四章的研究成果进一步推广。本章在前一章研究基础上，进一步提出三种扩展型博弈网模型，以增强其对一般问题的描述、建模及求解功能。在扩展型博弈网模型的基础上，将基于博弈网的军事对抗决策方法进行扩展使之适合相应的决策问题。

博弈网模型及基于博弈网的军事对抗决策方法具有重要的理论和应用价值，但第四章只研究了比较特殊的应用情况。本章将在已有研究的基础上，对于更加一般的扩展型军事对抗决策问题展开研究。首先，界定多维、动态和层次等三类超博弈问题，进而分别定义多维、动态和层次博弈网模型。然后，以多领域和多阶段军事对抗决策问题为例，将其描述为决策者参与的扩展型超博弈问题，分别建立相应的扩展型博弈网模型。遵循前文的思路，将两类扩展型军事对抗决策问题的求解转化为扩展型博弈网模型的建立与求解过程。扩展型博弈网求解的基本思想是将其转化为第四章中的简单博弈网模型。最后，算例分析展示了基于博弈网的扩展型军事对抗决策方法的可行性、有效性和实用性。

5.2 扩展型博弈网模型

5.2.1 多维博弈网

博弈论不仅研究包括一个方面或一个领域的博弈问题,也研究同时包括多个方面或者多个领域的博弈问题,这就是多维博弈论[276]。博弈局中人"同时"在具有相互影响或联系的多个领域内进行博弈的问题称为多维博弈问题。因此,同样存在大量的多维超博弈问题,本节在界定多维超博弈的基础上,提出可用于建模该类问题的多维博弈网模型。

5.2.1.1 多维超博弈

第四章主要探讨了局中人局限在一个方面或一个领域内的超博弈问题,然而在现实社会中普遍存在着更为广泛的超博弈问题,如两个(或多个)国家同时在经济、科技、军事等多个领域内竞争和对抗,并且这些领域之间存在着相互作用或联系。在现代战争中,也越来越体现出多维对抗的局面,军事对抗往往发生在陆、海、空、天、电等多维场景,因此有必要研究多维超博弈。多维超博弈问题的核心是,局中人"同时"在具有相互影响或联系的多个领域内进行对抗。

在多维超博弈中,局中人不能只单独考虑在某个领域内的策略,而应该同时考虑所有超博弈领域内的策略,选择一个策略向量使之符合自己的决策目标。所选的最终策略向量的某个分量在其领域内可能是劣策略,但是从总体来看,这样选择的策略向量却是最优策略。

定义 5.1(多维超博弈) $(N,(G_i^m)_{i\in N,m\in[1,M]})$为多维超博弈,其中,

- $M\in\mathbb{Z}^+$为超博弈的维数;
- $N=\{1,2,\cdots,n\}$为参与超博弈的局中人集;
- $G_i^m=(N_i^m,S_i^m,u_i^m)$为局中人 i 信念下的其在领域 m 中的博弈情景,其中
    - ◆ N_i^m 为局中人 i 感知到的其在领域 m 中的局中人集;
    - ◆ $S_i^m=\times_{j\in N_i^m}S_{ji}^m$为局中人 i 感知到的其在领域 m 中的策略集,其中,S_{ji}^m为局中人 i 感知到的局中人 j 在领域 m 中的策略集;

◆ $u_i^m=(u_{ji}^m)_{j\in N_i^m}$为局中人 i 感知到的其在领域 m 中的支付函数组合，$u_{ji}^m: S_{ji}^m\to R$ 为局中人 j 在领域 m 中的支付函数。

当 $M=1$ 时，定义 5.1 退化为定义 3.10，即一维超博弈，也就是第四章中研究的超博弈问题。

5.2.1.2 多维博弈网模型

为进一步研究多维超博弈问题的需要，下面引入多维博弈网模型。多维博弈网是建立在第四章研究的（一维）博弈网模型基础上的图形结构，是对博弈网在空间上的一种扩展。它由一系列博弈网构成，其中每个博弈网对应一个维度下的超博弈问题。假设 $\mathrm{NoG}^m=\langle V^m,E^m\rangle$ 为维度 $m(m\in[1,M])$ 下的博弈网，则多维博弈网可以定义如下。

定义 5.2（多维博弈网） $\mathrm{NoG}=\langle V,E\rangle$ 为多维博弈网（Multidimensional Network of Games, Md-NoG），其中，

$$\begin{cases}V=V(M)=\bigcup\limits_{m=1}^{M}V^m\\E=E(M)=\bigcup\limits_{m=1}^{M}E^m\end{cases}\tag{5.1}$$

图 5.1 展示了一个多维博弈网模型。在 Md-NoG 中，每个维度下的 NoG 并不相同，因为不同领域下的某个局中人的策略集和支付函数一般是领域依赖的。Md-NoG 的多个 NoG 之间是并列横向关系，在分析求解多维超博弈的过程中，需要将这多个 NoG 综合集成得到一个全领域博弈网。这个综合博弈网称为由该多维博弈网诱导的全领域博弈网，全领域博弈网在各个领域中的投影构成了该维度下的博弈网。因此，Md-NoG 中的每个 NoG 为全领域博弈网在各个维度上的投影，各个维度上的 NoG 可诱导生成全领域博弈网。全领域博弈网的生成过程将在 §5.3 中阐述。当全领域博弈网生成完毕之后，就转化为第四章中讨论的问题，则可采用图 4.9 中方法求解全领域博弈网，进而得到 Md-NoG 的解。

5.2.2 动态博弈网

5.2.2.1 动态超博弈

第四章主要探讨了局中人在一个时间片下的单次静态超博弈问题，然而在现实社会中普遍存在着更为广泛的超博弈问题。如在多个时间片段下发生的多个对抗性冲突，这多个对抗冲突存在时间先后关系，已结束的冲突事件将对要展

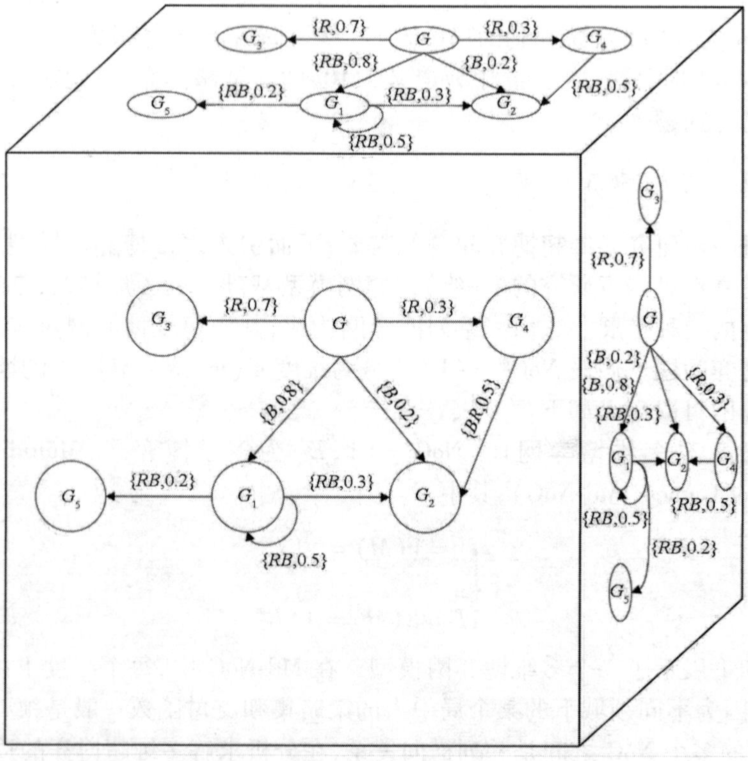

图 5.1　多维博弈网示例

开的冲突事件产生影响。因此有必要研究动态超博弈,动态超博弈问题的核心是局中人“先后”在多个时间片段中进行对抗,并且每个时间片中的对抗效果受前续时间片内对抗效果的影响,并对后续时间片内的对抗效果施加影响。

在动态超博弈中,局中人不能只单独考虑在某个时间片段内的策略,而应该同时考虑所有时间片段内的策略,选择一个策略向量使之符合自己的决策目标。所选的最终策略向量的某个分量在其时间片段内可能是劣策略,但是从总体看,这样选择的策略向量却是最优策略。

定义 5.3(动态超博弈)　$(N,(G_i^t)_{i\in N,t\in[1,T]})$ 为动态超博弈,其中,

- $T\in\mathbb{Z}^+$ 为动态超博弈的时间片段数;
- $N=\{1,2,\cdots,n\}$ 为参与超博弈的局中人集;
- $G_i^t=(N_i^t,S_i^t,u_i^t)$ 为局中人 i 信念下的其在时间片段 t 中的博弈情景,其中
  - ◆ N_i^t 为局中人 i 感知到其在时间片段 t 中的局中人集;

◆ $S_i^t = \times_{j \in N_i^t} S_{ji}^t$为局中人 i 感知到其在时间片段 t 中的策略集，其中，S_{ji}^t为局中人 i 感知到的局中人 j 在时间片段 t 中的策略集；

◆ $u_i^t = (u_{ji}^t)_{j \in N_i^t}$为局中人 i 感知到其在时间片段 t 中的支付函数组合，其中，$u_{ji}^t: S_{ji}^t \to R$ 为局中人 i 感知到的局中人 j 在时间片段 t 中的支付函数。

当 $T=1$ 时，定义 5.3 退化为定义 3.10，即单阶段（静态）超博弈，也就是第四章中研究的超博弈问题。

5.2.2.2　动态博弈网模型

为进一步研究动态超博弈问题的需要，下面引入动态博弈网模型。动态博弈网是建立在第四章研究的（静态）博弈网模型基础上的图形结构，是对博弈网在时间上的一种扩展。它由一系列博弈网构成，其中每个博弈网对应一个时间片段内的超博弈问题。前续时间片段下的博弈网对后续时间片段下的博弈网具有一定影响。如果在前一时间片段下某个局中人在超博弈中获得了较大的收益，就意味着其在下一时间片段下的超博弈中将处于优势地位，这将表现在新开展的超博弈问题的收益上，反之亦然，详见§5.4.3。假设 $\text{NoG}^t = \langle V^t, E^t \rangle$ 为时间片段 $t(t \in [1,T])$ 下的博弈网，则动态博弈网可以定义如下。

定义 5.4（动态博弈网）　$\text{NoG} = \langle V, E \rangle$ 为动态博弈网（Dynamic Network of Games, D-NoG），其中，

$$\begin{cases} V = V(T) = \bigcup_{t=1}^{T} V^t \\ E = E(T) = \bigcup_{t=1}^{T} E^t \end{cases} \tag{5.2}$$

D-NoG 中多个时间片段下的 NoG 之间是递进时序关系，如图 5.2 所示。处于 D-NoG 中的局中人需要处理依时间先后展开的多个超博弈问题，前一阶段的超博弈结果会对后一阶段的超博弈产生影响。D-NoG 各时间片段下 NoG 的结构和参数一般不相同，即便各个时间片段下 NoG 结构相同，也存在前续阶段的超博弈结果对后续阶段 NoG 的参数更新。在分析求解动态博弈网的过程中，需要将 D-NoG 中的多个 NoG 综合集成为全时域博弈网。这个全时域博弈网由该动态博弈网各时间片段内的博弈网诱导生成，全时域博弈网在各个时间片段中的投影构成了该时间片段下的博弈网。因此，D-NoG 中的每个 NoG 为全时域博弈网在各个时间片段上的投影，各个时间片段上的 NoG 可诱导生成全时域博弈网。全时域博弈网的生成过程将在§5.4 中阐述。当全时域博弈网生成完毕之后，就转化为第四章中讨论的问题，则可采用图 4.9 中的方法求解全时域博弈

网，进而得到 D-NoG 的解。

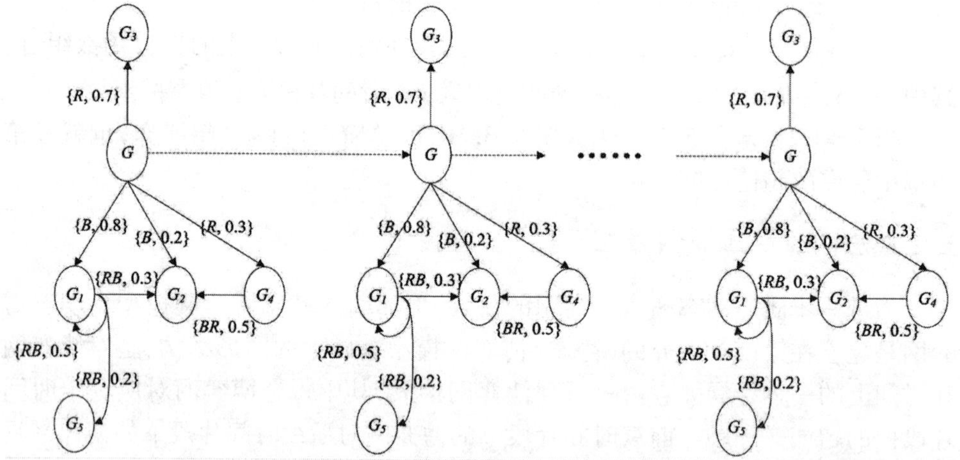

图 5.2　动态博弈网示例

5.2.3　层次博弈网

5.2.3.1　层次超博弈

第四章主要研究了处于单一层次上的超博弈问题，然而在现实社会中普遍存在着更为广泛的超博弈问题。如在多个层次上发生的对抗性冲突，这多个层次上的对抗冲突存在包含关系，高层的超博弈可以具体化为下一层次超博弈，高层超博弈为低层超博弈的约束条件，低层超博弈为高层超博弈提供参数信息。例如在军事冲突中，可以从战略、战役和战术或者更多层次研究决策者面临的超博弈问题。因此有必要研究层次超博弈，层次超博弈问题的核心是局中人“同时”在多个层次进行对抗。

定义 5.5（层次超博弈）　$(N,(G_i^l)_{i\in N,l\in[1,L]})$ 为层次超博弈，其中，

- $L\in\mathbb{Z}^+$ 为层次超博弈的层次数；
- $N=\{1,2,\cdots,n\}$ 为参与超博弈的局中人集；
- $G_i^l=(N_i^l,S_i^l,u_i^l)$ 为局中人 i 信念下的其在层次 l 中的博弈情景，其中
  - ◆ N_i^l 为局中人 i 感知到的其在层次 l 中的局中人集；
  - ◆ $S_i^l=\times_{j\in N_i^l}S_{ji}^l$ 为局中人 i 感知到的其在层次 l 中的策略集，其中 S_{ji}^l 为

局中人 i 感知到的局中人 j 在层次 l 中的策略集；

◆ $u_i^l=(u_{ji}^l)_{j\in N_i^l}$ 为局中人 i 感知到的其在层次 l 中的支付函数组合，其中，$u_{ji}^l:S_{ji}^l\to R$ 为局中人 i 感知到的局中人 j 在层次 l 中的支付函数。

当 $L=1$ 时，定义 5.5 退化为定义 3.10，即单层超博弈，也就是第四章中研究的超博弈问题。

5.2.3.2　层次博弈网模型

为进一步研究层次超博弈问题的需要，下面引入层次博弈网模型。层次博弈网是建立在第四章研究的（单层）博弈网模型基础上的图形结构，是对博弈网在逻辑层次上的一种扩展。它由一系列博弈网构成，其中每个博弈网都隶属于一个逻辑层次。假设 $\mathrm{NoG}^l=\langle V^l,E^l\rangle$ 为逻辑层次 $l(l\in[1,L])$ 下的博弈网，则层次博弈网可以定义如下。

定义 5.6（层次博弈网）　$\mathrm{NoG}=\langle V,E\rangle$ 为层次博弈网（Hierarchical Network of Games, H-NoG），其中，

$$\begin{cases}V=V(L)=\bigcup\limits_{l=1}^{L}V^l\\E=E(L)=\bigcup\limits_{l=1}^{L}E^l\end{cases}\tag{5.3}$$

H-NoG 中各个逻辑层次上的 NoG 之间是逻辑包含关系，如图 5.3 所示。处于 H-NoG 中的局中人需要处理具有逻辑包含关系的多个超博弈问题。高层 NoG 中的节点可以展开为下一层次中的一个 NoG，因此高层 NoG 是一个 NoG 网络（Network of NoG, N-NoG or $\mathrm{N^2oG}$）。关于 $\mathrm{N^2oG}$ 的求解，以及基于 $\mathrm{N^2oG}$ 的军事对抗决策方法的研究不在本书中展开。

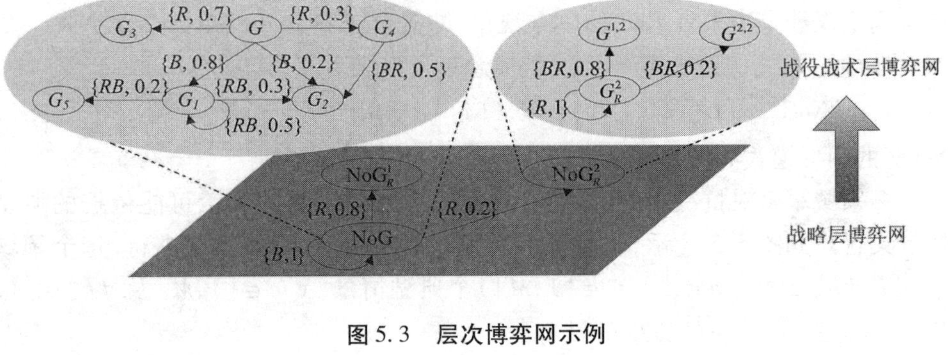

图 5.3　层次博弈网示例

5.2.4 其他扩展型博弈网

根据现实超博弈问题的研究需要,还可以研究更多扩展型博弈网模型。例如,多目标博弈网、多属性博弈网、模糊参数博弈网、粗糙参数博弈网、灰参数博弈网等,以及多维、动态、层次、多目标、多属性、模糊参数、粗糙参数、灰参数等扩展性质中的两种或多种组合模式博弈网。这些博弈网模型的研究将有助于解决各种各样的军事对抗决策问题。

5.3 基于多维博弈网的多领域军事对抗决策方法

5.3.1 问题描述

多领域军事对抗反映的是局中人在多个冲突环境下的对抗,例如现代信息化战争中,对抗发生在陆、海、空、天、电、网等多个领域,对于战场控制权的争夺围绕制空权、制天权以及制信息权展开。军事对抗决策由单维发展到多维,信息化条件下的军事对抗决策由此产生了新的特征。本节以红、蓝两个局中人在多个领域的军事对抗为例,研究红方为决策者的多领域军事对抗决策问题。

令$(N,(G_i^m)_{i\in N,m\in[1,M]})$为反映多领域军事对抗的多维超博弈,其中,$M\in\mathbb{Z}^+$为超博弈的维数(领域数目),$N=\{\text{Red},\text{Blue}\}$为该多维超博弈的局中人集。决策问题仅涉及决策者 Red 的单方视角,即需要研究 Red 的单方多维 NoG。令$(\text{NoG}_R^m)_{m\in[1,M]}$为决策者 Red 的二阶信念单方多维 NoG,其中,

$$\text{NoG}_R^m=\langle G_R^m\cup\{G^{k_m,m}\},\{R,1\}\cup\{BR,p^{k_m,m}\}\rangle_{k_m\in[1,K_m],m\in[1,M]}\tag{5.4}$$

NoG_R^m 的图形模式如图 5.4 所示。

多领域军事对抗决策中,决策者推断每个领域下敌方决策可能依据的典型情景集合。如图 5.5 所示,假设军事对抗过程分别在 M 个领域进行,每个领域存在 $K_m(K_m\in\mathbb{Z}^+,m\in\mathbb{Z}^+,m\in[1,M])$个典型情景,$\forall m\in[1,M]$及$\forall k_m\in[1,K_m](k_m\in\mathbb{Z}^+)$,相应的典型情景为

$$G^{k_m,m}=\{N^{k_m,m},S^{k_m,m},U^{k_m,m}\}\tag{5.5}$$

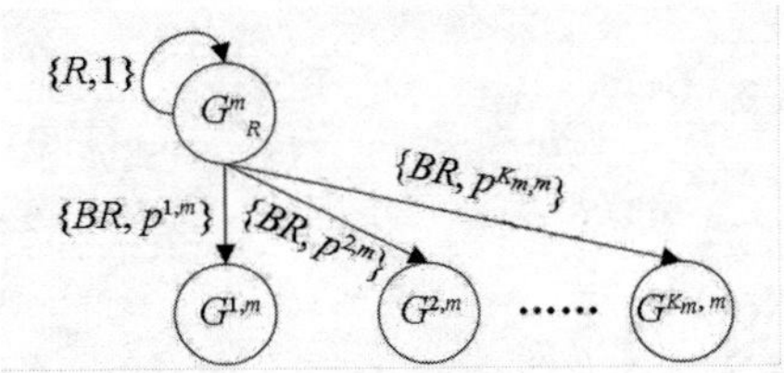

图 5.4 单方博弈网 NoG_R^m

其中，$N^{k_m,m}=\{\mathrm{Red},\mathrm{Blue}\}$ 为红、蓝对抗双方，红、蓝分别为己方和敌方，红方为 max 型决策者，蓝方为 min 型决策者；$S^{k_m,m}=\{R^{k_m,m},B^{k_m,m}\}$ 为双方策略集，且有 $R^{k_m,m}=\{r_1^{k_m,m},\cdots,r_{i_{k_m}}^{k_m,m},\cdots,r_{I_{k_m}}^{k_m,m}\}$ 和 $B^{k_m,m}=\{b_1^{k_m,m},\cdots,b_{j_{k_m}}^{k_m,m},\cdots,b_{J_{k_m}}^{k_m,m}\}$（$i_{k_m}\in\mathbb{Z}^+$，$j_{k_m}\in\mathbb{Z}^+$，$i_{k_m}\in[1,I_{k_m}]$，$j_{k_m}\in[1,J_{k_m}]$）；$U^{k_m,m}=(u_{i_{k_m}j_{k_m}}^{k_m,m})_{I_{k_m}\times J_{k_m}}$ 为相应的支付矩阵，其中，$u_{i_{k_m}j_{k_m}}^{k_m,m}$ 为对抗局势（$r_{i_{k_m}}^{k_m,m}$，$b_{j_{k_m}}^{k_m,m}$）下的红方支付，蓝方支付为 $-u_{i_{k_m}j_{k_m}}^{k_m,m}$。典型情景(5.5)式的典型性系数为 $p^{k_m,m}$，满足 $\sum_{k_m=1}^{K_m}p^{k_m,m}=1$。

因此，多领域军事对抗决策的典型情景集合为

$$\{G^{k_m,m}\mid k_m\in[1,K_m],m\in[1,M]\}\tag{5.6}$$

5.3.2 基本思想

多领域军事对抗决策问题在每个领域都属于一个超博弈问题，单独考虑每个领域中的超博弈问题都可以用第四章的方法求解。但是，多领域军事对抗决策各个领域之间并不是相互独立的，而是相互影响或联系的多个领域，因此还需要进一步处理，才能转化为第四章中方法可以求解的问题。

在每个领域，决策者都可以依据现有信息建立一个 INoG 描述其所处的超博弈问题，所有这些 INoG 就构成了式(5.4)中的单方多维 NoG。处理的基本思路是：从单方多维 NoG 中的多个 INoG 诱导生成一个全领域 INoG，这个全领域 INoG 描述了决策者对于其所处多个领域中冲突的信念。一旦得到上述全领域 INoG，就可以采用第四章中的方法分析求解，进而最终解决多领域的军事对抗决策问题。

5.3.3 方法流程

5.3.3.1 全领域 INoG 确定

如图 5.5 所示，全领域 INoG 的典型情景集合由每个领域下的典型情景集合中元素的不同组合生成，全领域典型情景数目为 $K=\prod_{m=1}^{M}K_m$。假设全领域典型情景，

$$G^k=\{\{\text{Red},\text{Blue}\},\{R^k,B^k\},U^k\}\quad(k\in\mathbb{Z}^+,k\in[1,K])\tag{5.7}$$

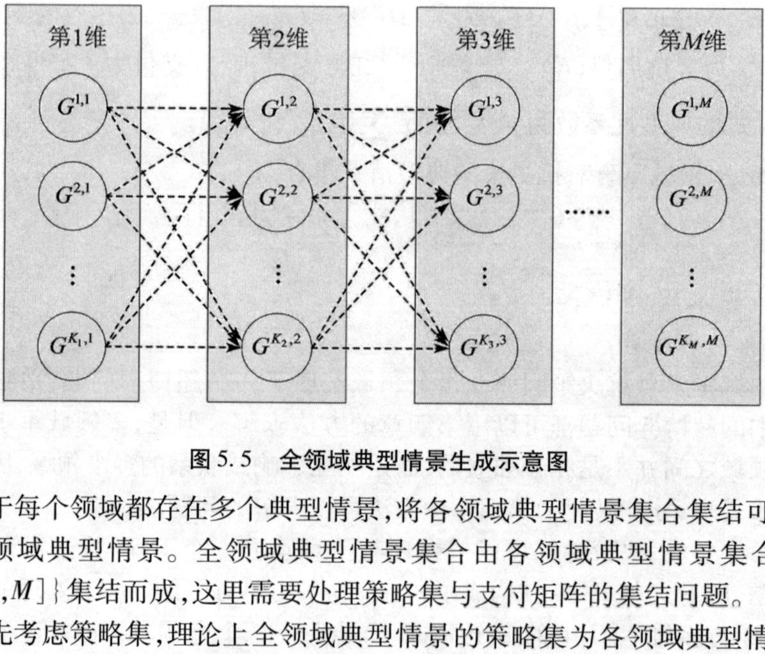

图 5.5 全领域典型情景生成示意图

由于每个领域都存在多个典型情景，将各领域典型情景集合集结可以得到多个全领域典型情景。全领域典型情景集合由各领域典型情景集合 $\{G^{k_m,m}\mid m\in[1,M]\}$ 集结而成，这里需要处理策略集与支付矩阵的集结问题。

首先考虑策略集，理论上全领域典型情景的策略集为各领域典型情景策略集的笛卡尔积。但是，由于资源约束（例如装备、兵力、资金等方面约束），并不是笛卡尔积中所有的策略串都是可行的，满足相应资源约束的策略串为可行策略串，所有可行策略串组成的集合构成此全领域典型情景的策略集。假设红方需要考虑 $L(L\in\mathbb{Z}^+)$ 种资源约束，资源 $L(l\in\mathbb{Z}^+,l\in[1,L])$ 的总量约束为 φ_l，策略 $r_{i_{k_m}}^{k_m,m}$ 消耗资源 l 数量为 $\varphi_l^{k_m,m}$；蓝方需要考虑 $Q(Q\in\mathbb{Z}^+)$ 种资源约束，资源 q $(q\in\mathbb{Z}^+,q\in[1,Q])$ 的总量约束为 φ_q，策略 $b_{j_{k_m}}^{k_m,m}$ 消耗资源 q 数量为 $\varphi_q^{k_m,m}$。全领域典型情景 G^k 中红蓝双方的策略集分别为

$$\begin{cases} R^k \subseteq \overset{M}{\underset{m=1}{\times}} R^{k_m,m} \ s.t. \\ \sum_{m=1}^{M} \phi_l^{k_m,m} \leqslant \phi_l, \quad \forall l \in [1,L] \end{cases} \tag{5.8}$$

和

$$\begin{cases} B^k \subseteq \overset{M}{\underset{m=1}{\times}} B^{k_m,m} \ s.t. \\ \sum_{m=1}^{M} \varphi_q^{k_m,m} \leqslant \varphi_q, \ \forall q \in [1,Q] \end{cases} \tag{5.9}$$

下面考虑支付矩阵。对于全领域典型情景下双方某个对抗局势的支付应能反映各领域相应局势支付的总体效应，因此全领域典型情景下某个对抗局势的支付值为各领域相应局势支付值的总和；考虑到各个领域冲突结果对于决策者实现整体目标的重要性差异，可以采用加权求和的办法确定全领域典型情景某个局势的支付。令 $U^k=(u_{ij}^k)$，设 u_{ij}^k 为局势 $((r_{i_{k_1}}^{k_1,1},\cdots,r_{i_{k_m}}^{k_m,m},\cdots,r_{i_{k_M}}^{k_M,M}),(b_{j_{k_1}}^{k_1,1},\cdots,b_{j_{k_m}}^{k_m,m},\cdots,b_{j_{k_M}}^{k_M,M}))$ 相应的支付值，则

$$u_{ij}^k = \sum_{m=1}^{M} \alpha_m u_{i_{k_m} j_{k_m}}^{k_m,m} \tag{5.10}$$

其中，α_m 为领域 m 的重要性权重，满足 $\sum_{m=1}^{M} \alpha_m = 1$。

因此，多领域军事对抗决策的各领域典型情景集合可以集结为全领域典型情景集合(5.7)式，可确定全领域情景 G^k 的典型性系数为 $p^k = \prod_{m=1}^{M} p^{k_m,m}$，易验证 $\sum_{k=1}^{K} \prod_{m=1}^{M} p^{k_m,m} = 1$。

此时可以确定全领域 INoG 如下，

$$\mathrm{NoG}_R = \langle G_R \cup \{G^k\}, \ \{BR, p^k\} \rangle_{k\in[1,K]} \tag{5.11}$$

其中，G_R 待定（可由典型情景集合 $\{G^k\}$ 综合集成的全局情景代替）。

5.3.3.2　全领域 INoG 求解

在全领域 INoG 确定之后，多领域军事对抗决策问题已经转化为单一领域的军事对抗决策问题，因此完全可以由第四章中方法继续求解。在确定了全领域 INoG 的优化解之后，该解对应全局情景下的策略在各个领域的分量就是多领域军事对抗决策问题在各个领域下的优化解。

至此，可以总结基于多维博弈网的多领域军事对抗决策方法的基本步骤如图 5.6 所示。

STEP 1　建立决策者的二阶信念单方多维博弈网 STEP 2　确定全领域 INoG 　　STEP 2.1　在资源约束下，确定全领域 INoG 典型情景策略集 　　STEP 2.2　依各领域重要性，确定全领域 INoG 典型情景支付矩阵 STEP 3　求解全领域 INoG 　　STEP 3.1　根据 §4.3.3.3 确定均衡解 　　STEP 3.2　根据 §4.3.3.4 确定优化解 STEP 4　确定多领域军事对抗决策在各领域下的优化解

图 5.6　基于多维博弈网的多领域军事对抗决策方法的基本步骤

5.3.4　算例分析

本算例在文献[266]中多冲突环境下军事冲突应用例子背景的基础上构造而成。假设红、蓝双方的军事对抗在甲、乙两个海域同时展开，红方拥有驱逐舰和护卫舰各 4 艘，蓝方拥有驱逐舰 3 艘、护卫舰 5 艘，进一步假定双方彼此熟悉对方的舰艇数目，但是对于对方如何在甲、乙两个海域部署各自的舰艇并不明确。根据海况以及双方舰队队形编制，决策者红方确定在甲、乙两个海域的典型情景集合分别为$\{G^{1,1},G^{2,1}\}$和$\{G^{1,2},G^{2,2}\}$，详见表 5.1 ~ 5.4，其中代表策略的小括号内两个数字分别表示驱逐舰和护卫舰数目，红方为列局中人，蓝方为行局中人。上述问题是典型的多领域超博弈问题，双方对抗发生在两个互相联系的领域，己方每个领域的策略选择都需要考虑另外一个领域的策略情况，并且对于敌方策略的信念具有不确定性。

表 5.1　典型情景 $G^{1,1}$

	(1,2)	(1,3)	(2,2)	(2,3)
(1,1)	-10	-15	-21	-26
(2,2)	8	1	-1	-8
(3,3)	25	19	14	10

表 5.2　典型情景 $G^{2,1}$

	(1,1)	(1,2)	(1,3)	(2,2)	(2,3)	(2,4)
(1,1)	1	-8	-11	-14	-22	-24
(2,2)	33	17	10	1	-4	-7

表 5.3　典型情景 $G^{1,2}$

	(1,2)	(1,3)	(2,2)	(2,3)
(1,1)	-16	-24	-31	-34
(2,2)	13	2	-2	-16
(3,3)	33	30	23	16

表 5.4　典型情景 $G^{2,2}$

	(1,1)	(1,2)	(1,3)	(2,2)	(2,3)	(2,4)
(2,2)	22	7	-6	-7	-10	-18
(3,3)	34	28	20	14	5	-2

假设 $\alpha_1=\alpha_2=0.5$，$p^{1,1}=0.6$，$p^{2,1}=0.4$，$p^{1,2}=0.8$，$p^{2,2}=0.2$，可建立该多领域军事对抗决策问题决策者的单方多维博弈网，如图 5.7 所示。

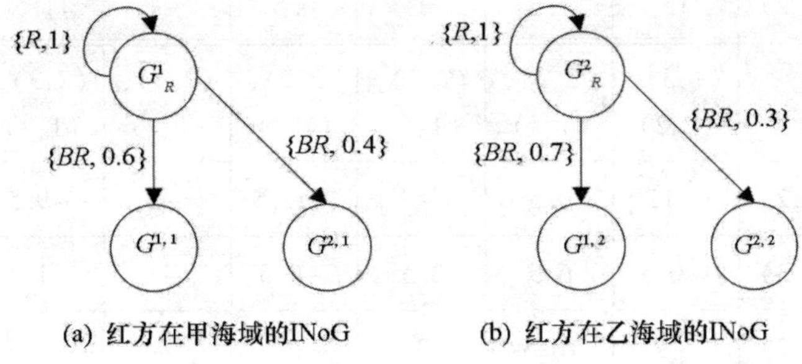

图 5.7　红方在甲、乙海域的二维 INoG

典型情景 $G^{1,1}$，$G^{2,1}$同 $G^{1,2}$，$G^{2,2}$两两组合可得到四个全领域典型情景 G^1，G^2，G^3，G^4 如表 5.5 ~5.8 所示(蓝方策略集元素较多，表格横向过长，将其割分为两个或三个部分上下排列)。

表 5.5　全领域典型情景 G^1

	(1,2),(1,2)	(1,2),(1,3)	(1,2),(2,2)	(1,2),(2,3)	(1,3),(1,2)	(1,3),(2,2)	(2,2),(1,2)	(2,2),(1,3)	(2,3),(1,2)
(1,1),(1,1)	-13	-17	-20.5	-22	-15.5	-23	-18.5	-22.5	-21
(1,1),(2,2)	1.5	-4	-6	-13	-1	-8.5	-4	-9.5	-6.5
(1,1),(3,3)	11.5	10	6.5	3	9	4	6	4.5	3.5
(2,2),(1,1)	-4	-8	-11.5	-13	-7.5	-15	-8.5	-12.5	-12
(2,2),(2,2)	10.5	5	3	-4	7	-0.5	6	0.5	2.5
(3,3),(1,1)	4.5	0.5	-3	-4.5	1.5	-6	-1	-5	-3

表 5.6　全领域典型情景 G^2

	(1,2),(1,1)	(1,2),(1,2)	(1,2),(1,3)	(1,2),(2,2)	(1,2),(2,3)	(1,3),(1,1)	(1,3),(1,2)
(1,1),(2,2)	6	-1.5	-8	-8.5	-10	3.5	-4
(1,1),(3,3)	12	9	5	2	-2.5	9.5	6.5
(2,2),(2,2)	15	7.5	1	0.5	-1	11.5	4
	(1,3),(2,2)	(2,2),(1,1)	(2,2),(1,2)	(2,2),(1,3)	(2,3),(1,1)	(2,3),(1,2)	
(1,1),(2,2)	-11	0.5	-7	-13.5	-2	-9.5	
(1,1),(3,3)	-0.5	6.5	3.5	-0.5	4	1	
(2,2),(2,2)	-3	10.5	3	-3.5	7	-0.5	

表 5.7　全领域典型情景 G^3

	(1,1),(1,2)	(1,1),(1,3)	(1,1),(2,2)	(1,1),(2,3)	(1,2),(1,2)	(1,2),(1,3)	(1,2),(2,2)
(1,1),(1,1)	-7.5	-11.5	-15	-16.5	-12	-16	-19.5
(1,1),(2,2)	7	1.5	-0.5	-7.5	2.5	-3	-5
(1,1),(3,3)	17	15.5	12	8.5	12.5	11	7.5
(2,2),(1,1)	8.5	4.5	1	-0.5	0.5	-3.5	-7
(2,2),(2,2)	23	17.5	15.5	8.5	15	9.5	7.5
	(1,2),(2,3)	(1,3),(1,2)	(1,3),(2,2)	(2,2),(1,2)	(2,2),(1,3)	(2,3),(1,2)	
(1,1),(1,1)	-21	-13.5	-21	-15	-19	-19	
(1,1),(2,2)	-12	1	-6.5	-0.5	-6	-4.5	
(1,1),(3,3)	4	11	6	9.5	8	5.5	
(2,2),(1,1)	-8.5	-3	-10.5	-7.5	-11.5	-10	
(2,2),(2,2)	0.5	11.5	4	7	1.5	4.5	

表 5.8　全领域典型情景 G^4

	(1,1),(1,1)	(1,1),(1,2)	(1,1),(1,3)	(1,1),(2,2)	(1,1),(2,3)	(1,1),(2,4)	(1,2),(1,1)
(1,1),(2,2)	11.5	4	-2.5	-3	-4.5	-8.5	7
(1,1),(3,3)	17.5	14.5	10.5	7.5	3	-0.5	13
(2,2),(2,2)	27.5	20	13.5	13	11.5	7.5	19.5
	(1,2),(1,2)	(1,2),(1,3)	(1,2),(2,2)	(1,2),(2,3)	(1,3),(1,1)	(1,3),(1,2)	(1,3),(2,2)
(1,1),(2,2)	-0.5	-7	-7.5	-9	5.5	-2	-9
(1,1),(3,3)	10	6	3	-1.5	11.5	8.5	1.5
(2,2),(2,2)	12	5.5	5	3.5	16	8.5	1.5
	(2,2),(1,1)	(2,2),(1,2)	(2,2),(1,3)	(2,3),(1,1)	(2,3),(1,2)	(2,4),(1,1)	
(1,1),(2,2)	4	-3.5	-10	0	-7.5	-1	
(1,1),(3,3)	10	7	3	6	3	5	
(2,2),(2,2)	11.5	4	-2.5	9	1.5	7.5	

需要考虑的资源约束为：两个海域舰艇布置策略中的驱逐舰与护卫舰的和不应超过红、蓝双方所拥有的舰艇总数。四个全领域典型情景的典型性系数分别为 $p^1=0.6\times0.8=0.48$，$p^2=0.6\times0.2=0.12$，$p^3=0.4\times0.8=0.32$，$p^4=0.4\times0.2=0.08$. 根据§4.3.3.2 由四个全领域典型情景生成的全局情景如表 5.9 所示，表中“NaN”表示未在各典型情景中出现的局势，需要对该类局势的支付值进行补充赋值。未在各典型情景中出现的局势可以理解为，双方都不期望发生的策略对抗局势，因此可将其支付值赋值为 0。至此，可建立本算例二维 INoG 诱导的全领域 INoG，如图 5.8 所示。

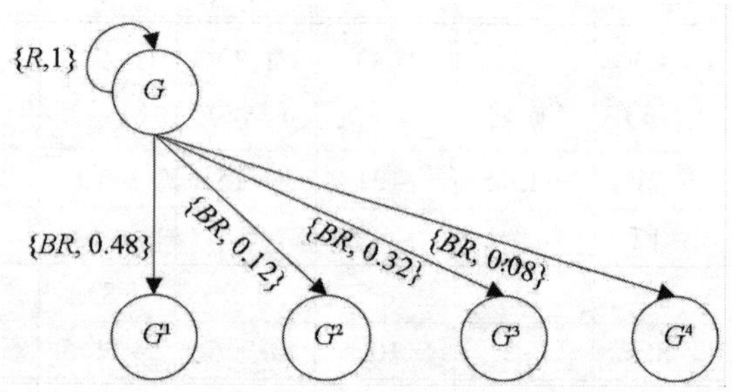

图 5.8　全领域 INoG

计算四个修正的全领域典型情景纳什均衡，得到 $NR^1=((1,1),(3,3))$（纯策略均衡），$NB^1=((1,2)(2,3))$，$EU(NR^1,NB^1)=3$；$NR^2\approx(0.42((1,1),(3,3)),0.58((2,2),(2,2)))$（红方混合纳什均衡策略中((1,1),(3,3))和((2,2),(2,2))的概率分别为 0.42 和 0.58，其余概率为 0），$NB^2\approx(0.47((1,2),(2,3)),0.14((1,3),(1,1)),0.39((1,3),(2,2)))$，$EU(NR^2,NB^2)=0$；$NR^3=((1,1),(3,3))$，$NB^3=((1,2),(2,3))$，$EU(NR^3,NB^3)=4$；$NR^4\approx(0.57((1,1),(3,3)),0.43((2,2),(2,2)))$，$NB^4\approx(0.52((1,2),(2,3)),0.48((2,2),(1,3)))$，$EU(NR^4,NB^4)\approx0.64$。双方综合均衡策略 $\hat{R}\approx(0.9((1,1),(3,3)),0.1((2,2),(2,2)))$，$\hat{B}=(0.90((1,1),(2,3)),0.02((1,3),(1,1)),0.05((1,3),(2,2)),0.03((2,2),(1,3)))$，$EU(\hat{R},\hat{B})\approx2.77$。

至此，得到了红蓝双方的综合均衡策略 $\hat{R}$ 和 $\hat{B}$。计算红方全局情景中红方各个纯策略同蓝方综合均衡策略对抗的期望效用如下：$EU(((1,1),(1,1)),\hat{B})\approx-16.6$，$EU(((1,1),(2,2)),\hat{B})\approx-6.8$，$EU(((1,1),(3,3)),\hat{B})\approx7.2$，$EU(((2,2),(1,1)),\hat{B})\approx-1.5$，$EU(((2,2),(2,2)),\hat{B})\approx8.5$，EU

$(((3,3),(1,1)),\hat{B}) \approx -0.5$。

表 5.9　全局情景 G

	(1,1),(1,1)	(1,1),(1,2)	(1,1),(1,3)	(1,1),(2,2)	(1,1),(2,3)	(1,1),(2,4)	(1,2),(1,1)
(1,1),(1,1)	NaN	-7.5	-11.5	-15	-16.5	NaN	NaN
(1,1),(2,2)	11.5	6.4	0.7	-1	-6.9	-8.5	6.4
(1,1),(3,3)	17.5	16.5	14.5	11.1	7.4	-0.5	12.4
(2,2),(1,1)	NaN	8.5	4.5	1	-0.5	NaN	NaN
(2,2),(2,2)	27.5	22.4	16.7	15	9.1	7.5	16.8
(3,3),(1,1)	NaN	NaN	NaN	NaN	NaN	NaN	NaN
	(1,2),(1,2)	(1,2),(1,3)	(1,2),(2,2)	(1,2),(2,3)	(1,3),(1,1)	(1,3),(1,2)	(1,3),(2,2)
(1,1),(1,1)	-12.6	-16.6	-20.1	-21.6	NaN	-14.7	-22.2
(1,1),(2,2)	1.3	-4.4	-6.1	-12	4.3	-0.8	-8.2
(1,1),(3,3)	11.4	9.4	6	2.3	10.3	9.3	3.9
(2,2),(1,1)	-2.2	-6.2	-9.7	-11.2	NaN	-5.7	-13.2
(2,2),(2,2)	11.7	6	4.3	-1.6	13.3	8.2	0.8
(3,3),(1,1)	4.5	0.5	-3	-4.5	NaN	1.5	-6
	(2,2),(1,1)	(2,2),(1,2)	(2,2),(1,3)	(2,3),(1,1)	(2,3),(1,2)	(2,4),(1,1)	
(1,1),(1,1)	NaN	-17.1	-21.1	NaN	-20.2	NaN	
(1,1),(2,2)	1.9	-3.2	-8.9	-1.2	-6.3	-1	
(1,1),(3,3)	7.9	6.9	4.9	4.8	3.8	5	
(2,2),(1,1)	NaN	-8.1	-12.1	NaN	-11.2	NaN	
(2,2),(2,2)	10.9	5.8	0.1	7.8	2.7	7.5	
(3,3),(1,1)	NaN	-1	-5	NaN	-3	NaN	

综上,决策者可以分别考虑第五个和第三个策略以实现较大的期望效用,根

据 $\tilde{\theta}_{((2,2),(2,2))}\approx 57\%$，如果红方决策者估计蓝方猜透其采取策略((2,2),(2,2))从而采用反制策略((1,2),(2,3))的可能性 $\theta<57\%$，则红方可以采用策略((2,2),(2,2))实现较大的期望效用 $8.5>EU(\hat{R},\hat{B})$，即红方在甲、乙两个海域分别部署2艘驱逐舰和2艘护卫舰；反之，如果认为((2,2),(2,2))被猜透的风险较大，红方决策者可继续分析((1,1),(3,3))的风险，如果被猜透的风险仍较大，红方需采用综合均衡策略 $\hat{R}$。通过上述分析可知，红方的最终策略至少不劣于 $\hat{R}$，且可严格优于 $\hat{R}$。

5.4 基于动态博弈网的多阶段军事对抗决策方法

5.4.1 问题描述

多阶段军事对抗反映的是局中人在多个时间片段下的对抗，受客观规律影响，军事冲突往往按照一定顺序依次展开。例如现代信息化战争中，战争常按照先空袭后地面行动等模式先后依次展开。本节以红、蓝两个局中人在多个阶段展开的军事对抗为例，研究红方为决策者的多阶段军事对抗决策问题。

令$(N,(G_i^t)_{i\in N,t\in[1,T]})$为反映多阶段军事对抗的动态超博弈，其中 $T\in\mathbb{Z}^+$ 为动态超博弈的时间片段数(阶段数目)，$N=\{\text{Red},\text{Blue}\}$ 为该动态超博弈的局中人集。决策问题仅涉及决策者 Red 的单方视角，即需要研究 Red 的单方动态 NoG。令$(\text{NoG}_R^t)_{t\in[1,T]}$为决策者 Red 的二阶信念单方动态 NoG，其中，

$$\text{NoG}_R^t=\langle G_R^t\cup\{G^{k_t,t}\},\{R,1\}\cup\{BR,p^{k_t,t}\}\rangle_{k_t\in[1,K_t],\,t\in[1,T]} \tag{5.12}$$

NoG_R^t 的图形模式如图5.9所示。

多阶段军事对抗决策中，决策者推断每个阶段下敌方决策都可能依据多个典型情景。如图5.10所示，假设军事对抗过程分为 $T(T\in\mathbb{Z}^+)$ 个阶段，每个阶段存在 $K_t(K_t\in\mathbb{Z}^+,t\in\mathbb{Z}^+,t\in[1,T])$ 个典型情景，对于任意的 $t\in[1,T]$ 及$k_t\in[1,K_t](k_t\in\mathbb{Z}^+)$，相应的典型情景为

$$G^{k_t,t}=\{N^{k_t,t},S^{k_t,t},U^{k_t,t}\} \tag{5.13}$$

其中，$N^{k_t,t}=\{\text{Red},\text{Blue}\}$ 为红、蓝对抗双方，红、蓝分别为己方和敌方，红方为

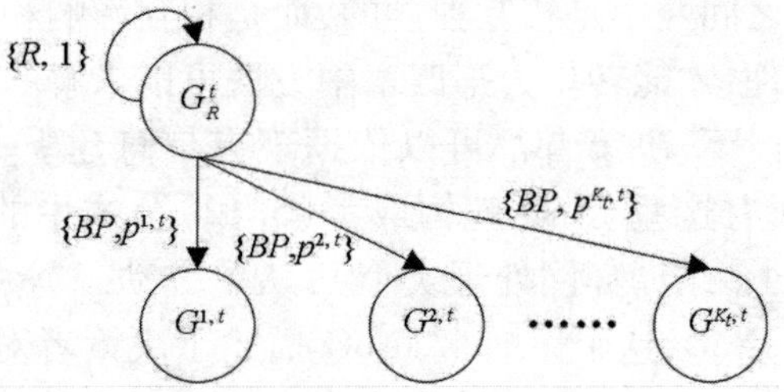

图 5.9　单方博弈网 NoG_R^t

max 型决策者，蓝方为 min 型决策者；$S^{k_t,t}=\{R^{k_t,t},B^{k_t,t}\}$ 为双方策略集，且有 $R^{k_t,t}=\{r_1^{k_t,t},\cdots,r_{i_{k_t}}^{k_t,t},\cdots,r_{I_{k_t}}^{k_t,t}\}$ 以及 $B^{k_t,t}=\{b_1^{k_t,t},\cdots,b_{j_{k_t}}^{k_t,t},\cdots,b_{J_{k_t}}^{k_t,t}\}$，$(i_{k_t}\in\mathbb{Z}^+,j_{k_t}\in\mathbb{Z}^+,i_{k_t}\in[1,I_{k_t}],j_{k_l}\in[1,J_{k_t}])$；$U^{k_t,t}=(u_{i_{k_t}j_{k_t}}^{k_t,t})_{I_{k_t}\times J_{k_t}}$ 为相应的支付矩阵，其中，$u_{i_{k_t}j_{k_t}}^{k_t,t}$ 为局势$(r_{i_{k_t}}^{k_t,t},b_{j_{k_t}}^{k_t,t})$下的红方支付，蓝方支付为 $-u_{i_{k_t}j_{k_t}}^{k_t,t}$（零和对抗）。进一步假设典型情景(5.13)式的典型性系数为 $p^{k_t,t}$，满足 $\sum_{k_t=1}^{K_t}p^{k_t,t}=1$。

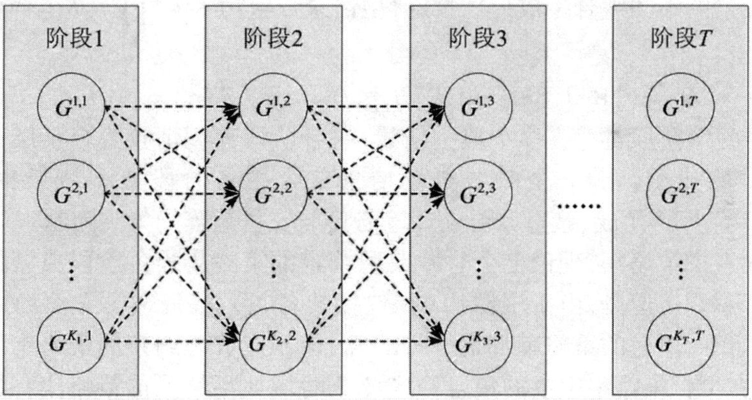

图 5.10　全时域典型情景生成示意图

因此，多阶段军事对抗决策的典型情景集合为

$$G=\{G^{k_t,t}\mid k_t\in[1,K_t],t\in[1,T]\} \tag{5.14}$$

5.4.2　基本思想

多阶段军事对抗决策问题在每个时间片段下都属于一个超博弈问题，单独考虑每个阶段的超博弈问题都可以使用第四章的方法求解。但是，多阶段军事

对抗决策各个阶段之间并不是相互独立的,而是相互影响和联系的多个阶段,因此还需要进一步处理,才能转化为第四章中方法可以求解的问题。

在每个时间片段下,决策者都可以依据现有信息建立一个 INoG 描述其所处的超博弈问题,所有这些 INoG 就构成了(5.12)公式中的单方动态 NoG。处理的基本思路是(同多维博弈网处理类似):从单方动态 NoG 中的多个 INoG 诱导生成一个全时域 INoG,这个全时域 INoG 描述了决策者对于其所处多个阶段中冲突的信念。一旦得到上述全时域 INoG,就可以采用第四章中的方法分析求解,进而最终解决多阶段军事对抗决策问题。

5.4.3 方法流程

5.4.3.1 全时域 INoG 确定

如图 5.10 所示,全时域 INoG 的典型情景集合由每个时间片下的典型情景集合中元素的不同组合生成,全时域典型情景数目为 $K = \prod_{t=1}^{T} K_t$。假设全时域典型情景,

$$G^k = \{\{\text{Red},\text{Blue}\},\{R^k,B^k\},U^k\} \quad (k \in \mathbb{Z}^+, k \in [1,K]) \tag{5.15}$$

由于每个阶段都存在多个典型情景,将各阶段典型情景集合集结可以得到多个全时域典型情景。全时域典型情景集合由各阶段典型情景集合 $\{G^{k_t,t} \mid t \in [1,T]\}$ 集结而成,这里需要处理策略集与支付矩阵的集结问题。

首先考虑策略集,理论上全时域典型情景的策略集为各阶段典型情景策略集的笛卡尔积。但是,由于资源约束(包括装备、兵力、资金等方面约束),并不是笛卡尔积中所有的策略串都是可行的,满足相应资源约束的策略串为可行策略串,所有可行策略串组成的集合构成此全时域典型情景的策略集。假设红方需要考虑 $L(L \in \mathbb{Z}^+)$ 种资源约束,资源 $L(l \in \mathbb{Z}^+, t \in [1,L])$ 的总量约束为 φ_l,策略 $r_{i_{k_t}}^{k_t,t}$ 消耗资源 l 数量为 $\varphi_l^{k_t,t}$;蓝方需要考虑 $Q(Q \in \mathbb{Z}^+)$ 种资源约束,资源 $q(q \in \mathbb{Z}^+, q \in [1,Q])$ 的总量约束为 φ_q,策略 $b_{j_{k_t}}^{k_t,t}$ 消耗资源 q 数量为 $\varphi_q^{k_t,t}$。全时域典型情景 G^k 中红蓝双方的策略集分别为

$$\begin{cases} R^k \subseteq \mathop{\times}\limits_{t=1}^{T} R^{k_t,t} \ s.t. \\ \sum\limits_{t=1}^{T} \phi_l^{k_t,t} \leqslant \varphi_l, \ \forall l \in [1,L] \end{cases} \tag{5.16}$$

和

$$\begin{cases} B^k \subseteq \mathop{\times}\limits_{t=1}^{T} B^{k_t,t} \ s.t. \\ \sum\limits_{t=1}^{T} \varphi_q^{k_t,t} \leqslant \varphi_q, \ \forall q \in [1,Q] \end{cases} \tag{5.17}$$

下面考虑支付矩阵。在现实的军事对抗决策中,决策者往往需要做出一系列决策,各个决策的执行相互之间不是独立的,前续的决策结果会对后续决策产生影响。对于全时域典型情景下双方某个对抗局势的支付应能反映各阶段相应局势支付的总体效应,但是不能简单求和。因为各阶段子情景中相应局势事先确定的支付反映的仅仅是在此子情景下的支付值,未考虑前续阶段对其的影响。在现实中的多阶段对抗决策中,某阶段的支付矩阵对全时域支付矩阵的贡献常受到前续阶段博弈结果的影响,如果前续阶段的博弈结果达到所在子情景的最优效果,那么,本阶段对全时域支付的贡献可以按照事先给定的支付值计算;如果前续阶段的博弈结果未达到所在子情景的最优效果,那么在计算本阶段对全时域支付的贡献时,需要从事先给定的支付值上削减掉前续阶段博弈的不利影响。令 $U^k = (u_{ij}^k)$,设 u_{ij}^k 为局势 $((r_{i_{k_1}}^{k_1,1}, \cdots, r_{i_{k_t}}^{k_t,t}, \cdots, r_{i_{k_T}}^{k_T,T}), (b_{j_{k_1}}^{k_1,1}, \cdots, b_{j_{k_t}}^{k_t,t}, \cdots, b_{j_{k_T}}^{k_T,T}))$ 相应的支付值,定义 t 阶段对后续阶段相应局势的影响因子为

$$\begin{cases} \lambda_0 = 1 \\ \lambda_t = \dfrac{u_{i_{k_t}j_{k_t}}^{k_t,t} - \min\limits_{i_{k_t},j_{k_t}} u_{i_{k_t}j_{k_t}}^{k_t,t}}{\max\limits_{i_{k_t},j_{k_t}} u_{i_{k_t}j_{k_t}}^{k_t,t} - \min\limits_{i_{k_t},j_{k_t}} u_{i_{k_t}j_{k_t}}^{k_t,t}}, \ t \in [1, T-1] \end{cases} \tag{5.18}$$

则局势 u_{ij}^k 下决策者实现的支付值如下,

$$u_{ij}^k = \sum_{t=1}^{T} \prod_{f=1}^{t} \lambda_{f-1} u_{i_{k_f}j_{k_f}}^{k_f,f} \tag{5.19}$$

因此,多阶段军事对抗决策的典型情景集合可以集结为全时域典型情景集合(5.15)式,全时域情景 G^k 的典型性系数为 $p^k = \prod_{t=1}^{T} p^{k_t,t}$,易验证 $\sum_{k=1}^{K} \sum_{t=1}^{T} p^{k_t,t} = 1$。

至此,可以确定全时域 INoG 如下,

$$\mathrm{NoG}_R = \langle G_R \cup \{G^k\}, \{BR, p^k\} \rangle_{k \in [1,K]} \tag{5.11}$$

其中,G_R 待定(可由典型情景集合 $\{G^k\}$ 综合集成的全局情景代替)。

5.4.3.2 全时域 INoG 求解

在全时域 INoG 确定之后,多阶段军事对抗决策问题已经转化为单阶段的军事对抗决策问题,因此完全可以由第四章方法继续求解。在确定了全时域 INoG 的优化解之后,该解对应全局情景下的策略在各个阶段的分量就是多阶段军事对抗决策问题在各个时间片段下的优化解。

至此,可以总结基于动态博弈网的多阶段军事对抗决策方法的基本步骤如图 5.11 所示。

STEP 1　建立决策者的二阶信念单方动态博弈网

STEP 2　确定全时域 INoG

　　STEP 2.1　在资源约束下,确定全时域 INoG 典型情景策略集

　　STEP 2.2　根据各阶段对后续阶段的影响因子,确定全时域 INoG 典型情景支付矩阵

STEP 3　求解全时域 INoG

　　STEP 3.1　根据 §4.3.3.3 确定均衡解

　　STEP 3.2　根据 §4.3.3.4 确定优化解

STEP 4　确定多阶段军事对抗决策在各时间片段下的优化解

图 5.11　基于动态博弈网的多阶段军事对抗决策方法的基本步骤

5.4.4 算例分析

本算例由笔者构造,仅用于展示基于动态博弈网的多阶段军事对抗决策方法的求解过程,未包含任何物理意义。假设某个军事对抗决策包含两个阶段,每个阶段存在两种可能的典型情景,典型情景集合分别为 $\{G^{1,1}, G^{2,1}\}$ 和 $\{G^{1,2}, G^{2,2}\}$,见表 5.10~5.13,行为红方局中人,列为蓝方局中人。各典型情景的典型性系数分别为 $p^{1,1}=0.5$, $p^{2,1}=0.5$, $p^{1,2}=0.8$, $p^{2,2}=0.2$。考虑到资源限制,红方策略串 (D,EL) 与蓝方策略串 (U,R) 为不可行策略串。

表 5.10　典型情景 $G^{1,1}$

	U	D
U	-3	-1
D	3	1

表 5.11　典型情景 $G^{2,1}$

	U	D	M
U	-3	-1	-1
D	3	1	1
M	1	5	-1

表 5.12　典型情景 $G^{1,2}$

	L	R	C
L	-1	-1	-1
R	-1	-3	0
C	-1	0	-3

表 5.13　典型情景 $G^{2,2}$

	L	R	C	EL	IB	EV
L	-1	-1	-1	1	1	4
R	-1	-3	0	1	1	1
C	-1	0	-3	1	1	1
EL	3	5	1	2	-1	-2
IB	1	-3	2	-1	-1	-2
EV	2	0	0	-3	-2	-1

根据典型情景集合及各情景的典型性系数，建立该多阶段军事对抗决策问题决策者的单方动态博弈网，如图 5.12 所示。

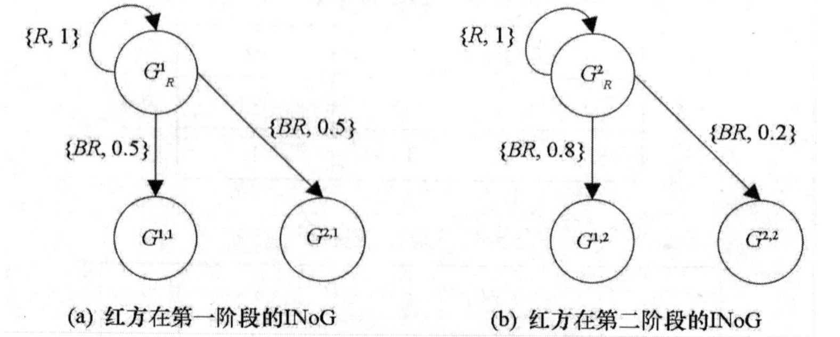

图 5.12　红方的两阶段动态 INoG

两个阶段的典型情景两两组合可以得到四个全时域典型情景$\{G^1, G^2, G^3, G^4\}$,见表 5.14～5.17,它们的典型性系数分别为$p^1=p^{1,1}\cdot p^{1,2}=0.4$,$p^2=p^{1,1}\cdot p^{2,2}=0.1$,$p^3=p^{2,1}\cdot p^{1,2}=0.4$,$p^4=p^{2,1}\cdot p^{2,2}=0.1$。计算全局情景如表 5.18 所示。至此,可建立本案例动态 INoG 诱导的全时域 INoG 如图 5.13 所示。

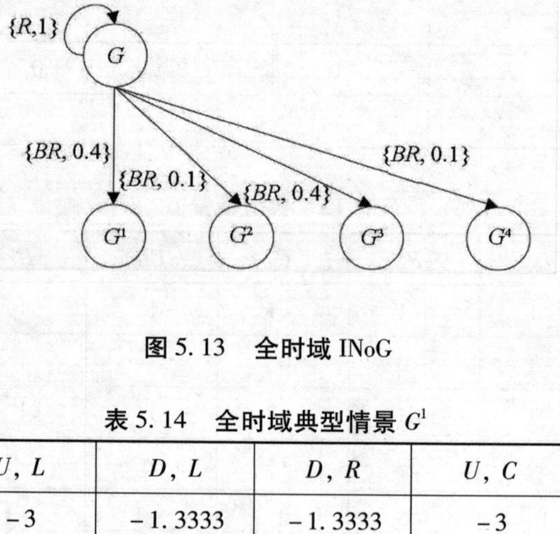

图 5.13　全时域 INoG

表 5.14　全时域典型情景 G^1

	U, L	D, L	D, R	U, C	D, C
U, L	−3	−1.3333	−1.3333	−3	−1.3333
D, L	2	0.3333	0.3333	2	0.3333
U, R	−3	−1.3333	−2	−3	−1
D, R	2	0.3333	−1	3	1
U, C	−3	−1.3333	−1	−3	−2
D, C	2	0.3333	1	0	−1

表 5.15　全时域典型情景 G^2

	U, *L*	*D*, *L*	*D*, *R*	*U*, *C*	*D*, *C*	*U*,*EL*	*D*,*EL*	*U*,*IB*	*D*,*IB*	*U*,*EV*	*D*,*EV*
U, *L*	−3	−1.333	−1.333	−3	−1.333	−3	−0.667	−3	−0.667	−3	0.333
D, *L*	2	0.333	0.333	2	0.333	4	1.667	4	1.667	7	3.667
U, *R*	−3	−1.333	−2	−3	−1	−3	−0.667	−3	−0.667	−3	−0.667
D, *R*	2	0.333	−1	3	1	4	1.667	4	1.667	4	1.667
U, *C*	−3	−1.333	−1	−3	−2	−3	−0.667	−3	−0.667	−3	−0.667
D, *C*	2	0.333	1	0	−1	4	1.667	4	1.667	4	1.667
U,*EL*	−3	0	0.667	−3	−0.667	−3	−0.333	−3	−1.333	−3	−1.667
U,*IB*	−3	−0.667	−2	−3	−0.333	−3	−1.333	−3	−1.333	−3	−1.667
D,*IB*	4	1.667	−1	5	2.333	2	0.333	2	0.333	1	−0.333
U,*EV*	−3	−0.333	−1	−3	−1	−3	−2	−3	−1.667	−3	−1.333
D,*EV*	5	2.333	1	3	1	0	−1	1	−0.333	2	0.333

表 5.16　全时域典型情景 G^3

	U, *L*	*D*, *L*	*M*, *L*	*D*, *R*	*M*, *R*	*U*, *C*	*D*, *C*	*M*, *C*
U, *L*	−3	−1.25	−1.25	−1.25	−1.25	−3	−1.25	−1.25
D, *L*	2.25	0.5	0.5	0.5	0.5	2.25	0.5	0.5
M, *L*	0.5	4	−1.25	4	−1.25	0.5	4	−1.25
U, *R*	−3	−1.25	−1.25	−1.75	−1.75	−3	−1	−1
D, *R*	2.25	0.5	0.5	−0.5	−0.5	3	1	1
M, *R*	0.5	4	−1.25	2	−1.75	1	5	−1
U, *C*	−3	−1.25	−1.25	−1	−1	−3	−1.75	−1.75
D, *C*	2.25	0.5	0.5	1	1	0.75	−0.5	−0.5
M, *C*	0.5	4	−1.25	5	−1	−0.5	2	−1.75

表 5.17　全时域典型情景 G^4

	U, L	D, L	M, L	D, R	M, R	U, C	D, C	M, C	U,EL
U, L	−3	−1.25	−1.25	−1.25	−1.25	−3	−1.25	−1.25	−3
D, L	2.25	0.5	0.5	0.5	0.5	2.25	0.5	0.5	3.75
M,L	0.5	4	−1.25	4	−1.25	0.5	4	−1.25	1.5
U, R	−3	−1.25	−1.25	−1.75	−1.75	−3	−1	−1	−3
D, R	2.25	0.5	0.5	−0.5	−0.5	3	1	1	3.75
M,R	0.5	4	−1.25	2	−1.75	1	5	−1	1.5
U, C	−3	−1.25	−1.25	−1	−1	−3	−1.75	−1.75	−3
D, C	2.25	0.5	0.5	1	1	0.75	−0.5	−0.5	3.75
M,C	0.5	4	−1.25	5	−1	−0.5	2	−1.75	1.5
U,EL	−3	−0.25	−0.25	0.25	0.25	−3	−0.75	−0.75	−3
M,EL	2.5	8	−0.25	10	0.25	1.5	6	−0.75	2
U,IB	−3	−0.75	−0.75	−1.75	−1.75	−3	−0.5	−0.5	−3
D,IB	3.75	1.5	1.5	−0.5	−0.5	4.5	2	2	2.25
M,IB	1.5	6	−0.75	2	−1.75	2	7	−0.5	0.5
U,EV	−3	−0.5	−0.5	−1	−1	−3	−1	−1	−3
D,EV	4.5	2	2	1	1	3	1	1	0.75
M,EV	2	7	−0.5	5	−1	1	5	−1	−0.5

	D,EL	M,EL	U,IB	D,IB	M,IB	U,EV	D,EV	M,EV	
U, L	−0.75	−0.75	−3	−0.75	−0.75	−3	0	0	
D, L	1.5	1.5	3.75	1.5	1.5	6	3	3	
M,L	6	−0.75	1.5	6	−0.75	3	9	0	
U, R	−0.75	−0.75	−3	−0.75	−0.75	−3	−0.75	−0.75	
D, R	1.5	1.5	3.75	1.5	1.5	3.75	1.5	1.5	
M,R	6	−0.75	1.5	6	−0.75	1.5	6	−0.75	
U, C	−0.75	−0.75	−3	−0.75	−0.75	−3	−0.75	−0.75	
D, C	1.5	1.5	3.75	1.5	1.5	3.75	1.5	1.5	
M,C	6	−0.75	1.5	6	−0.75	1.5	6	−0.75	
U,EL	−0.5	−0.5	−3	−1.25	−1.25	−3	−1.5	−1.5	
M,EL	7	−0.5	0.5	4	−1.25	0	3	−1.5	
U,IB	−1.25	−1.25	−3	−1.25	−1.25	−3	−1.5	−1.5	
D,IB	0.5	0.5	2.25	0.5	0.5	1.5	0	0	
M,IB	4	−1.25	0.5	4	−1.25	0	3	−1.5	
U,EV	−1.75	−1.75	−3	−1.5	−1.5	−3	−1.25	−1.25	
D,EV	−0.5	−0.5	1.5	0	0	2.25	0.5	0.5	
M,EV	2	−1.75	0	3	−1.5	0.5	4	−1.25	

表 5.18　全局情景 *G*

	U, *L*	*D*, *L*	*M*, *L*	*D*, *R*	*M*, *R*	*U*, *C*	*D*, *C*	*M*, *C*	*U*,*EL*
U, *L*	−3	−1.2917	−1.25	−1.2917	−1.25	−3	−1.2917	−1.25	−3
D, *L*	2.125	0.41665	0.5	0.41665	0.5	2.125	0.41665	0.5	3.75
M,*L*	0.5	4	−1.25	4	−1.25	0.5	4	−1.25	1.5
U, *R*	−3	−1.2917	−1.25	−1.875	−1.75	−3	−1	−1	−3
D, *R*	2.125	0.41665	0.5	−0.75	−0.5	3	1	1	3.75
M,*R*	0.5	4	−1.25	2	−1.75	1	5	−1	1.5
U, *C*	−3	−1.2917	−1.25	−1	−1	−3	−1.875	−1.75	−3
D, *C*	2.125	0.41665	0.5	1	1	0.375	−0.75	−0.5	3.75
M,*C*	0.5	4	−1.25	5	−1	−0.5	2	−1.75	1.5
U,*EL*	−3	−0.25	−0.25	0.25	0.25	−3	−0.75	−0.75	−3
M,*EL*	2.5	8	−0.25	10	0.25	1.5	6	−0.75	2
U,*IB*	−3	−0.75	−0.75	−1.75	−1.75	−3	−0.5	−0.5	−3
D,*IB*	3.75	1.5	1.5	−0.5	−0.5	4.5	2	2	2.125
M,*IB*	1.5	6	−0.75	2	−1.75	2	7	−0.5	0.5
U,*EV*	−3	−0.5	−0.5	−1	−1	−3	−1	−1	−3
D,*EV*	4.5	2	2	1	1	3	1	1	0.375
M,*EV*	2	7	−0.5	5	−1	1	5	−1	−0.5
	D,*EL*	*M*,*EL*	*U*,*IB*	*D*,*IB*	*M*,*IB*	*U*,*EV*	*D*,*EV*	*M*,*EV*	
U, *L*	−0.75	−0.75	−3	−0.75	−0.75	−3	0	0	
D, *L*	1.5	1.5	3.75	1.5	1.5	6	3	3	
M,*L*	6	−0.75	1.5	6	−0.75	3	9	0	
U, *R*	−0.75	−0.75	−3	−0.75	−0.75	−3	−0.75	−0.75	
D, *R*	1.5	1.5	3.75	1.5	1.5	3.75	1.5	1.5	
M,*R*	6	−0.75	1.5	6	−0.75	1.5	6	−0.75	
U, *C*	−0.75	−0.75	−3	−0.75	−0.75	−3	−0.75	−0.75	
D, *C*	1.5	1.5	3.75	1.5	1.5	3.75	1.5	1.5	
M,*C*	6	−0.75	1.5	6	−0.75	1.5	6	−0.75	
U,*EL*	−0.41665	−0.5	−3	−1.2917	−1.25	−3	−1.5834	−1.5	
M,*EL*	7	−0.5	0.5	4	−1.25	0	3	−1.5	
U,*IB*	−1.2917	−1.25	−3	−1.2917	−1.25	−3	−1.5834	−1.5	
D,*IB*	0.41665	0.5	2.125	0.41665	0.5	1.25	−0.16665	0	
M,*IB*	4	−1.25	0.5	4	−1.25	0	3	−1.5	
U,*EV*	−1.875	−1.75	−3	−1.5834	−1.5	−3	−1.2917	−1.25	
D,*EV*	−0.75	−0.5	1.25	−0.16665	0	2.125	0.41665	0.5	
M,*EV*	2	−1.75	0	3	−1.5	0.5	4	−1.25	

计算四个修正的全时域典型情景纳什均衡，得到 $NR^1=(D,L)$，$NB^1=(D,L)$，$EU(NR^1,NB^1)=0.3333$；$NR^2=(0.6(D,L),0.4(D,EV))$，$NB^2=(0.5(D,R),0.3(D,C),0.2(D,EL))$，$EU(NR^2,NB^2)=0.6$；$NR^3=(D,L)$，$NB^3=(M,L)$，$EU(NR^3,NB^3)=0.5$；$NR^4=(0.6(D,L),0.4(D,EV))$，$NB^4=(0.0237(D,R),0.4681(M,R),0.0267(D,C),0.2814(M,C),0.0158(D,EL),0.1842(M,EL))$，$EU(NR^4,NB^4)=0.7$。双方综合均衡策略 $\hat{R}=(0.92(D,L),0.08(D,EV))$，$\hat{B}=(0.4(D,L),0.4(M,L),0.0524(D,R),0.0468(M,R),0.0327(D,C),0.0281(M,C),0.0216(D,EL),0.0184(M,EL))$，$EU(\hat{R},\hat{B})\approx 0.4633$。至此，得到了红蓝双方的综合均衡策略 $\hat{R}$ 和 $\hat{B}$。

计算全局情景中红方各纯策略同蓝方综合均衡策略对抗的期望效用，得到红方有效可行策略集合 $\{(M,EL),(M,EV),(M,IB),(D,EV),(M,L),(M,C),(M,R),(D,IB),(D,L),(D,C),\hat{R}\}$（期望效用从大到小排列）。首先，考虑红方纯策略 (M,EL)，计算 $\tilde{\theta}_{(M,EL)}\approx 64\%$，如果红方决策者估计蓝方猜透其采取策略 (M,EL) 从而采用反制策略 (M,EV) 的可能性 $\theta<64\%$，则红方可以采用策略 (M,EL) 实现较大的期望效用 $EU((M,EL),\hat{B})\approx 3.9528>EU(\hat{R},\hat{B})$；反之，如果认为 (M,EL) 被猜透的风险较大，红方决策者可继续分析其他有效纯策略的风险。如果所有的有效纯策略被猜透的风险均较大，红方需采用综合均衡策略 $\hat{R}$。通过上述分析可知，红方的最终策略至少不劣于 $\hat{R}$，且可严格优于 $\hat{R}$。

5.5 本章小结

本章在第四章基础上研究了三种扩展型博弈网模型，基于扩展型博弈网，研究了面向更加一般性问题的军事对抗决策的建模及应用。首先，对具有多维、动态和层次三种特征的超博弈问题进行了界定，进而提出了多维、动态和层次三种扩展型博弈网模型。其次，将具有多领域和多阶段特征的军事对抗决策问题的求解分别抽象为多维博弈网和动态博弈网的建模及求解过程。扩展型博弈网求解的基本思路是将其转化为简单博弈网模型，然后采用第四章中的方法讨论它们的均衡解和优化解。最后,构造算例展示了基于扩展型博弈网的多领域和多阶段军事对抗决策问题的求解过程。本章研究将博弈网模型和基于博弈网的军事对抗决策方法进一步推向实用,使本书核心内容的这两项研究成果兼具理论意义和应用价值。

第六章　结论与展望

6.1　总 结

面向人因复杂性的军事对抗决策研究围绕由“人”参与而产生的复杂性，以人因复杂性为特定视角研究不确定性环境下的军事对抗决策问题。本书在人因复杂性和人因复杂问题理论研究的基础上，将军事对抗决策视为一类具体的人因复杂问题，围绕人因复杂性本质特征的循环依赖性以及决策过程中的不确定性和决策者的有限理性，综合运用多主体影响图、博弈论和超博弈等理论工具，并提出博弈网模型描述、建模和求解被视为超博弈的军事对抗决策问题，为军事对抗决策研究提供了全新的视角。本书工作的主要贡献和创新总结如下。

(1)研究了面向人因复杂性的军事对抗决策理论基础

首先，对本书相关的复杂性基本概念进行了深入辨析，引入了复杂性研究的一个新的概念体系，在此基础上提出了复杂性概念一般认识框架，涵盖了一些复杂性研究知名观点的精髓。其次，系统研究了人因复杂问题和人因复杂性，指出决策行为的循环依赖性是其本质特征，逐步深入论述了“军事对抗决策是典型的人因复杂问题”这一核心命题，分析了军事对抗决策八个方面的复杂性特征以及它们同人因复杂性的联系。最后，建立了军事对抗决策等人因复杂问题的抽象求解框架，指出“从复杂到简单”须经过构建观念框架和变革观念框架两个步骤，并以建立数理模型的方式为“变革观念框架”的效果提供了严谨的逻辑推理基础。

(2)构建了面向人因复杂性的军事对抗决策分析框架

分两个阶段构建了面向人因复杂性的军事对抗决策分析框架，首先，建立了基于多主体影响图和博弈论的分析框架，将军事对抗决策问题置于博弈论框架下，采用多主体影响图这一分析工具识别和处理决策行为的循环依赖性。其次，考虑到现实中的绝大部分军事冲突都置身于不确定性环境下，导致共同知识和理性假设失效，这需要将经典博弈论框架推广至超博弈框架，进而将多主体影响图和超博弈结合在一起形成军事对抗决策的分析框架变革。观念分析框架的研究遵循人因复杂问题求解框架的基本思路，研究结论进一步印证了该求解框架的指导性和有效性。面向人因复杂性的军事对抗决策分析框架是研究主体对物质世界系统中的研究客体的一种观念。这个观念分析框架无论是看作对军事对抗决策本身的客观物理属性，还是研究主体对其的主观认知，建立这个分析框架的目的就是从人因复杂性角度把军事对抗决策观念化，进而在观念世界中建立对应于物质世界中军事对抗决策的映射。通过该分析框架，将研究主体和客体连接起来，将物质世界中的军事对抗决策行为观念化，为在观念框架下建模与求解具体军事对抗决策问题奠定了基础。

(3)提出了博弈网模型并研究了基于博弈网的军事对抗决策建模及应用

博弈网模型是对超博弈问题进行描述的图模型，能够恰当地反映超博弈的基本特征。本书系统地讨论了博弈网的定义、解析表达，并用两个实例展示了博弈网模型的建模效果。在引入单方博弈网的基础上，定义了信念映射算子，证明了"单方博弈网是博弈网在某个局中人信念下的映射"，并讨论了博弈网的信念结构，进一步定义了博弈网两种形式的解的概念，分别是理论意义上的均衡解和实际情况下的优化解。最后明确了采用博弈网建模超博弈问题的基本流程。基于博弈网的军事对抗决策方法引入了不确定性和有限理性的处理机制，将军事对抗决策过程等价为某个局中人作为决策者的单方博弈网的建立、修正和求解过程。详细讨论了该方法的基本流程，并用"左勾拳"计划和"镰割"计划两个战史上赫赫有名的军事计划验证了该方法的可行性、有效性和实用性。

(4)提出了扩展型博弈网模型并研究了基于扩展型博弈网的军事对抗决策建模及应用

在已有研究基础上，提出了三种扩展型博弈网模型，基于扩展型博弈网，研究了面向更加一般性问题的军事对抗决策的建模及应用。首先，对具有多维、动态和层次三种特征的超博弈问题进行了界定，进而提出了多维、动态和层次等三种扩展型博弈网模型。其次，将具有多领域和多阶段特征的军事对抗决策问题的求解抽象为多维博弈网模型和动态博弈网模型的建模及求解过程。扩展型博弈网求解的基本思路是将其转化为简单博弈网模型，然后采用求解简单博弈网的方法讨论它们的均衡解和优化解。最后，构造算例展示了基于扩展型博弈网的多领域和多阶段军事对抗决策问题的求解过程。本研究将博弈网模型和基于博弈网的军事对抗决策方法进一步推向实用，使本书核心内容的这两项研究兼具理论意义和应用价值。

6.2 展望

面向人因复杂性的军事对抗决策是决策领域一个崭新的研究课题，本书就其分析、建模和应用等方面做了一些研究和探索。按照人因复杂问题的求解框架逐步建立了观念分析框架、博弈网模型以及基于博弈网的军事对抗决策方法等，但是仍有不足之处，同时还有许多重要的关键理论和方法是本书研究工作暂时没有涉及的，这些不足之处和重要的理论方法有待于下一步进行深入研究。

(1)博弈网的规范性理论

具有一般意义的规范性理论可以引导具体问题的研究，在本书研究基础上，可以建立对于所有博弈网或者某一类博弈网成立的具有普遍意义的命题或定理，还可以分析博弈网的一些在某些高阶信念下满足的性质。另外，本书所提信念映射算子是从博弈情景到博弈情景的宏观层面的映射，未涉及信念映射算子两端的博弈情景三要素之间的微观层面的映射。未来可以结合“类型空间”等理念建立微观与宏观相容的信念映射算子，进一步完善博弈网的规范性理论。

(2)其他扩展型博弈网以及相应的军事对抗决策方法

本书对于不确定性信息仅以随机信息条件为例展开研究，进一步还可以研究其他形式不确定性信息条件下的博弈网模型及其性质，例如模糊信息、粗糙信息、模糊粗糙信息等条件。在此基础上，研究基于该类型博弈网的军事对抗决策方法，使其能够覆盖更加广泛的军事对抗决策问题。

本书研究主要以二人博弈为例，还可以进一步研究多人博弈情况，将博弈网模型以及基于博弈网的军事对抗决策方法扩展至多人情况，具体又可以包括冲突各方决策主体为多人平等和多人分级等情况，这将会体现一些二人博弈中不会出现的性质，比如结盟等；另外，决策主体可能并非个人，而是一个组织，这里又涉及协同决策和群决策的问题。

本书中博弈网的研究都仅针对离散策略，以矩阵博弈为例展开讨论，但是现实中存在大量的连续策略博弈。例如空战对抗和潜舰对抗等领域的对抗决策问题，决策者的策略是对于运动方向或者速度等的抽象，一般是连续变量。为了便于分析上述类型的军事对抗决策问题，需要将本书研究推广至决策者具有连续策略的情况，并研究相应的博弈网模型和决策方法。

本书中单方博弈网都以二阶信念为例进行建模与求解，并建立相应的决策方法。然而,为了便于进一步分析佯动和欺骗等战场谋略行为,还应该考虑决策者"对敌方对我方信念的信念"等高阶信念,利用高阶信念单方博弈网对军事对抗决策进行描述、建模和求解。高阶信念单方博弈网的性质以及相应决策方法的研究也具有重要意义。

上述各种类型的博弈网以及相应军事对抗决策方法的研究将会丰富面向人因复杂性的军事对抗决策的理论内容,使得该项研究能够形成体系,便于对现实中各种各样的实际军事对抗决策问题进行分析、建模与求解,能够进一步将本书研究成果推向实用。

(3)博弈网模型以及基于博弈网的对抗决策方法在非军事冲突研究中的应用

本书结论表明,博弈网模型对于共同知识和理性假设失效情况下的超博弈问题的研究具有良好效果,基于博弈网的决策方法能够应对不确定性条件下和决策者有限理性的对抗决策问题。在经济、政治和外交等非军事领域中存在大量的具有不确定性的冲突问题,虽然这些领域的冲突问题较之军事领域的冲突问题具有许多不同的特征,但是仍可以采用博弈网以及基于博弈网的对抗决策方法进行研究。例如,可能存在重复博弈情况,这时可以根据已有博弈结果修正原博弈网的参数和结构,使之不断进化,增强其对于问题的动态描述和分析能力;再如,非军事领域的冲突不一定总是对抗性矛盾,局中人之间不断的互相"探底"或"亮牌",有时还可以通过沟通和协商达成双赢局面,这里也涉及对原博弈网参数和结构的调整。博弈网模型能够提供参数学习和推理机制,非常便于描述、建模和求解上述非军事领域的冲突问题。经过扩展,基于博弈网的对抗决策方法可以在非军事问题以外的更广阔的领域发挥作用。

(4)博弈网以及基于博弈网的对抗决策方法的实验和实证研究

本书研究仅仅是在军事对抗决策理论与应用方面的初步探讨,文中涉及的案例和算例都是已经发生过的或是虚构的,其冲突过程和结果已经为人所熟知,虽然可以展示博弈网以及基于博弈网的对抗决策方法求解问题的基本过程,但是对于现实中的正在进行的冲突行为的演化过程及其结果的解释和预测的实际效果,还需要更多的实验和实证研究。对于实验研究,能够在一定程度上搭建起具有不可重复性特征的冲突环境是最具挑战性的工作;对于实证研究,如何检验本书提出的模型和方法对现实中正在发生的冲突行为的解释和预测效果,如何利用现实冲突的实际演化过程和最终结果改进和修正博弈网模型以及相应的对抗决策方法,都是具有挑战性的研究课题。

参考文献

[1] 汪寿阳，杨晓光，刘作仪，等. 学科战略规划的方法与实践——管理科学与工程"十一五"发展战略规划研究[M]. 北京：科学出版社，2008.

[2] CJCS. Joint Vision 2010 [R]. US Goverment Printing Office, 1996.

[3] CJCS. Joint Vision 2020 [R]. US Goverment Printing Office, 2000.

[4] Alberts D S, Garstka J J, Hayes R E, Signori D A. Understanding information age warfare [M]. Washington: CCRP Publications, 2001.

[5] Moffat J. Adapting modeling & simulation for Network enabled operations [M]. Washington: CCRP Publications, 2011.

[6] Ilachinski A. Artificial War: Multiagent-Based Simulation of Combat [M]. World Scientific Publishing Co. Pte. Ltd, 2004.

[7] Moffat J. Complexity Theory and Network Centric Warfare [M]. Washington: CCRP Publications, 2003.

[8] 赵存如，李宁，王维. 战争复杂性与军事系统工程[J]. 军事运筹与系统工程，2006，20(4)：70-73.

[9] 赵妹淳，张国宁，沈寿林. 信息化作战指挥中的复杂性思维模式研究[J]. 军事运筹与系统工程，2009，23(2)：76-80.

[10] Alberts D S, Hayes R E. Power to the Edge: Command and Control in the Information Age [M]. Washington: CCRP Publications, 2003.

[11] 赵晓哲，郭锐，杜河建. 复杂适应系统理论与信息化战争研究[J]. 军事运筹与系统工程，2005，19(2)：3-7.

[12] 王维. 作战辅助决策与军事系统工程[J]. 军事运筹与系统工程，2007，21(4)：57-58.

[13] Waltz E. Information Warfare: Principles and Operations [M]. Artech House Publishers, 1998.

[14] Smith E A. Effects Based Operations: Applying Network Centric Warfare in Peace, Crisis and War [M]. Washington: CCRP Publications, 2003.

[15] 钱学森. 创建系统学(新世纪版)[M]. 上海: 上海交通大学出版社, 2007.
[16] Alberts D S, Czerwinski T J. Complexity, Global Politics and National Security[EB/OL]. http://www. dodccrp. org, 1996.
[17] MORS. Complexity in Modeling and Simulation-Linkage[EB/OL]. http://www. mors. org/publications/reports/MSLFinal. PDF, 1997.
[18] Palmore J. Warfare Analysis and Complexity [EB/OL]. http://www. dodccrp. org, 1999.
[19] 陈超. 战争设计工程中群体专家智慧集成研究 [D]. 长沙: 国防科技大学, 2007.
[20] 269次香山科学会议组委会. 269 此香山科学会议综述[EB/OL]. http://www. xssc. ac. cn/Web/ListConfs/ConfBrief. asp? rno = 861, 2005.
[21] Beyerchen A. Clausewitz, Nonlinearity and the Unpredictability of War [J]. International Security, 1992(winter): 59 - 90.
[22] Ilachinski A. Irreducible semi-Autonomous Adaptive Combat (ISAAC): An Artificial Life Approach to Land Combat[EB/OL]. http://www. cna. org/issac.
[23] Ilachinski A. Enhanced ISAAC Neural Simulation Toolkit (Einstein): An Artificial-Life Laboratory for Exploring Self-organizaed Emergence in Land Combat [EB/OL]. http://www. can. org.
[24] Ilachinski A. Land Warfare and Complexity, Part II: An Assessment of the Applicability of Nonlinear Dynamic and Complex Systems Theory to the Study of Land Warfare[EB/OL]. http://www. cna. org/issac.
[25] Ilachinski A. Towards a Science of Experimental Complexity: An Artificial-Life Approach to Modeling Warfare[EB/OL]. http://www. cna. org/isaac/.
[26] Ilachinski A. Land Warfare and Complexity (Part I): Mathematical Background and Technical Sourcebook [EB/OL]. http://www. cna. org, 2009.
[27] 赵晓哲, 郭锐. 军事系统研究的综合集成方法 [J]. 系统工程理论与实践, 2004, 24(10): 127 - 144.
[28] 胡晓峰. 战争复杂性与复杂体系仿真问题 [J]. 军事运筹与系统工程, 2010, 24(3): 27 - 34.
[29] 江敬灼, 叶雄兵. 军事系统复杂性分析及启示 [J]. 军事运筹与系统工

程，2007，21(4)：26－30.

[30] 刘继贤. 多样化军事任务与军事系统工程［J］. 军事运筹与系统工程，2009，23(4)：5－12.

[31] 张金春，翟景春，王杰. 自组织理论在军校研究生教育中的应用［J］. 哈尔滨工业大学学报，2003，35(2)：238－241.

[32] 王荣辉. 关于军事技术创新主体的思考［J］. 装甲兵工程学院学报，2004，18(1)：94－97.

[33] Bell M I. Decentralized Command and Control: Self-Organization in a Simple Model for Emergency Response [C]. Proceedings of the 14th International Command and Control Research & Technology Symposium. 2009.

[34] 张金春，李彪，刘景权. 自组织理论在军事系统中的应用［J］. 系统工程与电子技术，2002，24(5)：11－13.

[35] 宋黎. 战斗力系统自组织演化分析［J］. 南京政治学院学报，2005，21(6)：86－89.

[36] Moffat J, Witty S. Bayesian Decision Making and Military Command and Control [J]. Journal of the Operational Research Society, 2002, 53(7): 709－718.

[37] Durham M S E. Chaos Theory for the Practical Military Mind [EB/OL]. http:// www. au. af. mil/au/awc/awcgate/acsc/97－0229. pdf.

[38] 方锦清，赵耿，罗晓曙. 混沌保密通信应用研究的进展［J］. 广西师范大学学报(自然科学版)，2002，20(1)：6－18.

[39] Lauren M K. Characterising Complexity on the Battlefield using Fractal Statistics [EB/OL]. http://www. mngt. waikato. ac. nz/orsnz99/PDFs/Horne. pdf.

[40] McIntosh G C, Lauren M K. Incorporating fractal concepts into equations of attrition for military conflicts [J]. Journal of the Operational Research Society, 2008(59): 703－713.

[41] Perry N. Fractal Effects in Lanchester Models of Combat [R]. DSTO-TR-2331, 2009.

[42] 杨懿，刘涵，武昌，等. 维修保障系统效能的分形评估算法研究［J］. 系统仿真学报，2006，18(10)：1925－2928.

[43] Czerwinski T J. Coping with the bounds: A Neo-Clausewitzean Primer [M]. Washington: CCRP Publications, 1998.

[44] Beckerman L P. The Non-Linear Dynamics of War[EB/OL]. http://www.beli-sarius. com/modern_business_strategy/beckerman/non_linear. html.

[45] Geeraerts G. Non-linear Dynamics and the Prediction of War[EB/OL]. http:// poli. vub. ac. be/publi/pole-papers/pole0401. htm.

[46] Geeraerts G. War, Hypercomplexity, and Computer Simulation[EB/OL]. http://poli. vub. ac. be/publi/pole-papers/pole0101. htm.

[47] Darbyshire P, Abbass H, et al. A Prototype Design for Studying Emergent Battlefield Behavior through Multi-Agent Simulation [C]. Proceedings of the 4th Japan-Australia Joint Workshop on Intelligent and Evolutionary Systems. Hayama-machi, Japan, 2000.

[48] Lucas C. Conflicts as Emergent Phenomena of Complexity[EB/OL]. http://calresco. org/group/conflict. htm.

[49] 胡晓峰. 战争模拟:复杂性的问题与思考 [J]. 系统仿真学报, 2003, 15 (12): 1659 - 1666.

[50] Horne G. Maneuver Warfare Distillations: Essence not Verisimilitute[EB/OL]. http://www. can. org.

[51] Horne G, Bates C, Bargeron C. Quantitative Support to Decision makers using Agent Based Modeling of Conflicts[EB/OL]. http://www. can. org.

[52] Horne G, Leonardi C M. Trust on the Battlefield: Questioins with a New Tool [EB/OL]. http://www. can. org.

[53] Woodaman R F A. Agent Based Simulation of Military Operations Other Than War Small Unit Combat[EB/OL]. http://www. can. org.

[54] Brown L P. Agent Based Simulation as an Exploratory Tool in the Study of the Human Dimension of Combat[EB/OL]. http://www. can. org.

[55] Taylor D. USMC Ground Combat Study[EB/OL]. http://www. can. org.

[56] Hiniker P J. A View of the Combat CAS: Unifying Net-Enabled Teams [J]. The International C2 Journal, 2008, 2(2): 1 - 33.

[57] Brandstein A, Horne G. Project Albert and ROLF 2010: A Remarkable Collaboration [EB/OL]. http://www. militaryscience. org/public/media/publications/Brand stein &Horne. PDF.

[58] Kewley M R H. Combat Operations Support System for Adaptive Command and Control [EB/OL]. http://www. can. org/isaac/MAJKewley _ BriefingSlides. pdf.

[59] Sprague K B, Dobias P. Modeling the Complexity of Combat in the Context of C2 [J]. The International C2 Journal, 2008, 2(2): 1-71.
[60] 韩月敏，刘丽巧，肖军，等. 基于复杂性分析方法框架的陆战 Agent 模型框架研究 [J]. 军事运筹与系统工程, 2010, 24(2): 45-51.
[61] 谭东风. 一种基于随机映射的战斗效能模型 [J]. 国防科技大学学报, 2006, 28(6): 102-107.
[62] 吴俊，谭跃进. 复杂网络抗毁性测度研究 [J]. 系统工程学报, 2005, 20(2): 128-131.
[63] 沈寿林. 战斗复杂性及实验 [J]. 军事运筹与系统工程, 2010, 24(3): 35-40.
[64] Alberts D S, Garstka J J, Stein F P. Network Centric Warfare: Developing and Leveraging Information Superiority [M]. Washington: CCRP Publications, 2000.
[65] Simith E A. Complexity, Networking, & Effects-Based Approaches to Operations [M]. Washington: CCRP Publications, 2006.
[66] 赵晓哲，郭锐. 现代化战争的复杂性 [J]. 系统仿真学报, 2005, 17(2): 461-467.
[67] Palmore J I. Warfare Analysis and Complexity Mini-Symposium/Workshop [R]. Military Operations Research Society, 1999.
[68] Dean R J. Warfare Analysis Laboratory 2000 [J]. Johns Horkings APL Technical Digest, 2000, 21(2): 231-237.
[69] Chairman of the Joint Chiefs of Staff Instruction. Joint Capabilities Integration and Development System [R]. CJCSM3170.01E, 2005.
[70] Perry W L. Measure of Effectiveness for the Information Age Navy: The effects of Network-centric Operations on Combat Outcomes [R]. Rand MR-1449, 2001.
[71] 徐根初. 关于军事决策科学化的思考 [C]. 香山科学会议第 262 次学术研讨会. 北京, 2005: 7-14.
[72] 胡晓峰. 战争工程:信息时代的战争方法学 [J]. 军事运筹与系统工程, 2004, 18(2): 3-7.
[73] 沙基昌，毛赤龙，吴永波，等. 战争设计工程技术研究 [J]. 系统工程理论与实践, 2005, 25(6): 66-70.
[74] 沙基昌，毛赤龙，陈超. 战争设计工程 [M]. 北京: 科学出版社, 2009.

［75］ 李德华．“军事战略综合集成研讨厅”总体设计思想［C］．香山科学会议第262次学术研讨会．北京，2005：113－146．
［76］ 胡晓峰，司光亚，吴琳，等．SDS2000：一个定性定量结合的战略决策综合集成研讨与模拟环境［J］．系统仿真学报，2000，12(6)：595－599．
［77］ 常显奇，李元左，刘曙云．空间军事系统综合集成研讨厅内容体系的研究与建设［J］．系统工程理论与实践，2001，20(6)：86－90．
［78］ 韩祥兰，吴慧中，陈圣磊，等．武器装备论证综合集成研讨厅系统［J］．南京理工大学学报，2005，29(4)：446－450．
［79］ 胡晓峰，罗批，司光亚，等．战争复杂系统建模与仿真［M］．北京：国防大学出版社，2005．
［80］ 胡晓峰，杨镜宇，司光亚，等．战争复杂系统仿真分析与实验［M］．北京：国防大学出版社，2008．
［81］ Perkinson P B. Lessons Learned from the 1998 STOW Data Collection System［C］. Proceedings of the Spring Simulation Interoperability Workshop. 1998.
［82］ 郝建国，黄健，黄柯棣．HLA联邦数据收集的研究与实现［J］．计算机仿真，2002，19(1)：38－42．
［83］ 孙柏林．美军作战实验情况综述［C］．香山科学会议第262次学术研讨会．北京，2005：41－66．
［84］ 周彦，戴剑伟．HLA仿真程序设计［M］．北京：电子工业出版社，2002．
［85］ 钱汝益．指挥决策与谋略［M］．北京：昆仑出版社，1999．
［86］ 克劳塞维茨．战争论［M］．北京：北京出版社，2007．
［87］ 机电部五十四研究所．C3I系统分析设计研究与评价(译文集)［M］．北京：机电部五十四研究所，1993．
［88］ 香山科学会议第374次学术讨论会筹备组．复杂性与社会设计工程(会议交流材料)［C］．香山科学会议第374次学术讨论会，May，18～20，2010，北京．
［89］ 沙基昌，王继红．复杂性与社会设计工程［J］．科学中国人，2010(9)：16－25．
［90］ 孙林岩．人因工程［M］．北京：高等教育出版社，2008．
［91］ 蔡启明，余臻，庄长远．人因工程［M］．北京：科学出版社，2005．
［92］ Galeotti A, Goyal S, Jackson M O, et al. Network Games［J］. Review of Economic Studies, 2010, 77(1): 218－244.
［93］ Sanfey A G. Social Decision-Making: Insights from Game Theory and

Neuroscience [J]. Science, 2007, 318(26): 598 -602.

[94] Brynielsson J. Using AI and games for decision support in command and control [J]. Decision Support Systems, 2007(43): 1454 -1463.

[95] Whittacker G M. Asymmetric Wargaming: Toward a Game Theoretic Perspective [EB/OL]. http://www. mitre. org/work/tech _ papers/tech _ papers_00/whittaker _asymmetric/whittaker_asymmetricr. pdf.

[96] Alberts D S, Hayes R E. Planning: Complex Endeavors [M]. Washington: CCRP Publications, 2007.

[97] 史越东. 指挥决策学 [M]. 北京: 解放军出版社, 2005.

[98] 陆军指挥学院. 合成军队指挥学 [M]. 北京: 解放军出版社, 1988.

[99] 于海涛. 军队指挥学 [M]. 北京: 国防大学出版社, 1989.

[100] 杨金华, 黄彬. 作战指挥概率 [M]. 北京: 国防大学出版社, 1995.

[101] 丁邦宇. 作战指挥学教程 [M]. 北京: 军事科学出版社, 2000.

[102] Boyd J. A discourse on winning and losing [R]. Maxwell Air Force Base, 1987.

[103] U.S. Army Field Manual 6.0. Mission command: Command and control of Army Forces [R]. Headquarters, Department of the Army, Washington, D. C., 2003.

[104] U.S. Air Force Doctrine Document 2 - 8. Command and control [R]. Department of the Air Force, Washington, D. C., 1999.

[105] U.S. Navy Doctrine Document 6. Naval command and control [R]. Department of the Navy, Washington, D.C., 1995.

[106] Hammond G T. The mind of war. John Boyd and American Security [M]. Washington: Smithsonian Press, 2001.

[107] Fadok D S, Boyd J, Warden J. Air Power's Quest for Strategic Paralysis [R]. Maxwell Air Force Base AL, 1995.

[108] Breton R, Bossé E. The cognitive costs and benefits of automation [C]. NATO RTO-HFM Symposium: The role of humans in intelligent and automated systems. Warsaw, Poland, 2002.

[109] Brehmer B. The Dynamic OODA Loop: Amalgamating Boyd's OODA Loop and the Cybernetic Approach to Command and Control [C]. Proceedings of the 10th International Command and Control Research & Technology Symposium. 2005.

[110] Brehmer B. Understanding the Functions of C^2 is the Key to Progress [J]. The International C^2 Journal, 2007, 1(1): 211 -232.

[111] Builder C H, Bankes S C, Nordin R. Command concepts: a theory derived from the practice of command and control [R]. RAND Corporation, 1999.

[112] Klein G. A recognition-primed decision (RPD) model of rapid decision-making in Decision making in action: Models and methods Klein G, Orasanu J, Calderwood R, Zsambok C E, Eds. Norwood, NJ: Ablex, 1993: 138 -147.

[113] Murphy, Glasgow. Insights into optimum TOC environments [C]. Proceedings of the 5th International Command and Control Research & Technology Symposium. Monterey, CA, 2000.

[114] Breton R, Rousseau R. The M-OODA: Modelling of the OODA loop as a modular functional system [R]. DRDC Valcartier, 2008.

[115] Rousseau R, Breton R. The M-OODA: A model incorporating control functions and teamwork in the OODA loop [C]. Proceedings of the 9th Command and Control Research & Technology Symposium. San Diego, U. S. A., 2004.

[116] Endsley M R. Towards a theory of Situation Awareness [J]. Human Factors, 1995(37): 32 -64.

[117] Breton R, Rousseau R. The C-OODA: A Cognitive Version of the OODA Loop to Represent C2 Activities [C]. Proceedings of the 10th International Command and Control Research & Technology Symposium. 2005.

[118] Lawson J S. Command and Control as a Process [J]. IEEE Control Systems Magazine, 1981(March): 5 -12.

[119] Wohl J G. Force Management Decision Requirements for Air Force Tactical Command and Control [J]. IEEE Transactions on Systems, Man, and Cybernetics, 1981, 11(9).

[120] Brehmer B. Dynamic decision making in command and control in The human in command[M]. McCann C, Pigeau R, Eds. New York: Kluwer, 2000.

[121] Gobel, Dan. RF Jamming: The First 100 Years [J]. Journal of Electronic Defense, 1999(February): 45 -51.

[122] Hayes R E, Hainline M, Strack C, Bucioni D. Theater Headquarters

Effectiveness: It's Measurement and Relationship to Size Structure, Functions and Linkage [M]. McLean, VA: Defense Systems, Inc, 1983.

[123] Serfaty D, Athans M, Tenney R. Towards a Theory of Headquarters Effectiveness [C]. Proceedings of the JDL BRG C3 Sympostum. Monterey, Calif., 1988.

[124] Druzhinin V V, Kontorov D S. Concept, Algorithm, Decision (A Soviet View): Decision Making and Automation [M]. Translated and published under the auspices of the United States Air Force, 1972.

[125] Ivanov D A, Savalyev V P, Shemanskiy P V. Fundamentals of Tactical Command and Control: A Soviet View [M]. Translated and published under the auspices of the United States Air Force, 1977.

[126] Cohen M S, Freeman J T, Wolf S. Metarecognition in time stressed decision making: Recognizing, critiquing, and correcting [J]. Human Factors, 1996(38): 206-219.

[127] Letsky M, Warner N, Fiore S M, et al. Macrocognition in Complex Team Problem Solving [C]. Proceedings of the 12th International Command and Control Research & Technology Symposium. 2007.

[128] Rosen M A, Fiore S M, Salas E, et al. Tightly Coupling Cognition: Understanding How Communication and Awareness Drive Coordination in Teams [J]. The International C2 Journal, 2008, 2(1): 1-30.

[129] Warner N, Letsky M, Cowen M. Cognitive Model of Team Collaboration: Macro-Cognitive Focus [C]. Proceedings of the 49th Annual meeting of the human factors and ergonomics society. 2005.

[130] Bryant D J. Modernizing Our Cognitive Model [C]. Proceedings of the 9th International Command and Control Research & Technology Symposium. San Diego, Calif., 2004.

[131] Bryant D J. Critique, Explore, Compare and Adapt (CECA): A new model for command decision making [R]. DRDC Toronto, 2003.

[132] Collyer S C, Melecki G S. Tactical decision making under stress: History and overview in Making decision under stress: Implications for individual and team training [M]. Cannon-Bowers J A, Salas E, Eds. Washington D C: American Psychology Association, 1998.

[133] Bowers J A C, Salas E, Pruitt J S. Establishing the boundaries of a

paradigm for decision-making research [J]. Human Factors, 1996(38): 193-205.

[134] Beach L R, Mitchell T R. Image theory: principles, goals and plans in decisionmaking [J]. Acta Psychologica, 1987(66): 201-220.

[135] Klein G A. Recognition-primed decisions in Advances in man-machine systems research [M]. Rouse W B, Ed. Greenwich, CT: JAI Press, Inc, 1989: 47-92.

[136] Lipshitz R, Shaul O B. Schemata and mental models in recognition-primed decision making in Naturalistic decision making [M]. Zsambok C E, Klein G, Eds. Mahwah, NJ: Lawrence Erlbaum Associates, 1997: 60-72.

[137] Bryant D J, Webb R D G, McCann C. Synthesizing two approaches to decision making in command and control [J]. Canadian Military Journal, 2003(Spring): 29-34.

[138] Silverman B G. Unifying Expert Systems and the Decision Sciences [J]. Operations Research, 1994, 42(3): 393-413.

[139] JohnTarter C, Hoy W K. Toward a Contingency Theory of Decision Making [J]. Journal of Educational Administration, 1998, 36(3): 221-228.

[140] Stanovich K E, West R A. Individual Differences in Reasoning: Implications for the Rationality Debate? [J]. Behavioral and Brain Sciences, 2002, 23(5): 645-726.

[141] Dacey R, Carlson L J. Traditional Decision Analysis and the Poliheuristic Theory of Foreign Policy Decision Making [J]. Journal of Conflict Resolution, 2004, 48(1): 38-55.

[142] Mintz A. Foreign Policy Decision Making in Familiar and Unfamiliar Settings: An Experimental Study of High-Ranking Military Officers [J]. Journal of Conflict Resolution, 2004, 48(1): 49-62.

[143] Davis P K, Kahan J P. Theory and Methods for Supporting High Level Military Decisionmaking [R]. RAND Corporation, 2007.

[144] Davis P K, Kulick J, Egner M. Implications of modern decision science for military decision-support systems [R]. RAND Corporation, 2005.

[145] Rehak L A, Lamoureux T M, Bos J C. Systems Archetypes for Military Dynamic Decision Making [R]. DRDC, 2006.

[146] Howard N. Confrontation analysis: how to win operations other than war [M].

Washington: CCRP Publications, 1999.

[147] 谭安胜. 驱护舰编队对空火力分配环及其复杂性分析与应用 [J]. 军事运筹与系统工程, 2009, 23(1): 14 – 18.

[148] 吕贵礼, 谭安胜. 驱护舰编队海上作战复杂性分析 [J]. 军事运筹与系统工程, 2007, 21(4): 53 – 56.

[149] 缪旭东. 舰艇编队协同作战的自组织决策模式及决策支持系统 [J]. 军事运筹与系统工程, 2010, 24(1): 48 – 52.

[150] Bennett P G, Dando M R. Complex strategic analysis: A hypergame study of the fall France [J]. Journal of the Operational Research Society, 1979, 30(1): 23 – 32.

[151] Bennett P G, Huxham C S. Hypergames and what they do: a soft O. R. approach [J]. Journal of the Operational Research Society, 1982, 33(1): 41 – 50.

[152] Bennett P G. Hypergames: developing a model of conflicts [J]. Futures, 1980(6): 489 – 507.

[153] Fraser N M, Hipel K W. Solving Complex Conflicts [J]. IEEE Transactions on Systems, Man and Cybernetics, 1979, 9: 805 – 815.

[154] Fraser N M, Hipel K W. Conflict Analysis: Models and Resolutions [M]. New York: North Holland, 1984.

[155] Takahashi M A, Fraser N M, Hipel K W. A Procedure for Analyzing Hypergamnes [J]. European Journal of Operational Research, 1984(18): 111 – 122.

[156] Wang M, Hipel K W, Fraser N M. Solution Concepts in Hypergames [J]. Applied Mathematics and Computation, 1989(34): 147 – 171.

[157] Bennett P G, Dando M R, Sharp R G. Using Hypergames to Model Difficult Social Issues: An Approach to the Case of Soccer Hooliganism [J]. Journal of the Operational Research Society, 1980, 31(7): 621 – 635.

[158] Bennett P G, Huxham C S, Dando M R. Shipping in Crisis: A Trial Run for a "Live" Application of the Hypergame Approach [J]. Omega, 1981 (9): 579 – 594.

[159] Eiselt H A. Perception and information in a competitive location model [J]. European Journal of Operational Research, 1998(108): 94 – 105.

[160] Toyota T, Kijima K. Modelling of Two-Level Negotiation in Hierarchical

Hypergame Framework [C]. Systems Modeling and Simulation: Theory and Applications, Lecture Notes in Computer Science. Berlin, Germany: Springer-Verlag, 2005: 289 – 295.

[161] Stokes N W, Hipel K W. Conflict Analysis of an Export Credit Trade Dispute [J]. Omega, 1983, 11: 365 – 376.

[162] Leclerc M, Chaib-draa B. Hypergame Analysis in E-Commerce: A Preliminary Report [EB/OL]. http://www.cirano.qc.ca/pdf/publication/2002s – 66.pdf, 2002.

[163] Novani S, Kijima K. Symbiotic Hypergame Analysis of Value Co-Creation Process in Service System [C]. Proceedings of the 7th International Conference on Service Systems and Service Management (ICSSSM). Tokyo, Japan, 2010: 1 – 5.

[164] Sasaki Y, Kijima K. Hypergame Modeling of Systems Intelligent Agents [C]. Proceedings of the 7th International Conference on Service Systems and Service Management (ICSSSM). Tokyo, Japan, 2010: 1 – 6.

[165] Kijima K. Why Stratification of Networks Emerges in Innovative Society: Intelligent Poly-Agent Systems Approach [J]. Computational & Mathematical Organization Theory, 2001(7): 45 – 62.

[166] Okada N, Hipel K W, Oka Y. Hypergame Analysis of the Lake Biwa Conflict [J]. Water Resources Research, 1985(21): 917 – 926.

[167] Hipel K W, Dagnino A, Fraser N M. A Hypergame Algorithm for Modeling Misperceptions in Bargaining [J]. Journal of Environmental Management, 1988(26).

[168] Inohara T, Hipel K W, Walker S. Conflict analysis approaches for investigating attitudes and misperceptions in the War of 1812 [J]. Journal of Systems Science and Systems Engineering, 2007, 16(2): 181 – 201.

[169] Shupe M C, Wright W M, Hipel K W, Fraser N M. Nationalization of the Suez Canal: A Hypergame Analysis [J]. Journal of Conflict Resolution, 1980, 24(3): 477 – 493.

[170] Wright W M, Shupe M C, Fraser N M, Hipel K W. Conflict Analysis of the Suez Canal Invasion of 1956 [J]. Conflict Management and Peace Science, 1980(5): 27 – 40.

[171] Said A K, Hartley D A. A hypergame approach to crisis decision-making:

the 1973 Middle East War [J]. Journal of the Operational Research Society, 1982, 33(10): 937 -948.

[172] Hipel K W, Wang M, Fraser N M. Hypergame analysis of the Falkland Islands crisis [J]. International Studies Quarterly, 1988, 32(3): 335 -358.

[173] Wang M, Hipel K W. Modeling Misperception in the Persian Gulf Crisis [C]. IEEE International Conference on Systems, Man and Cybernetics. Charlottesville, VA, USA, 1991: 1989 -1995.

[174] Vane R, Lehner P. Using Hypergames to Increase Planned Payoff and Reduce Risk [J]. Autonomous Agents and Multi-Agent Systems, 2002, 5(3): 365 -380.

[175] Sasaki Y, Kobayashi N, Kijima K. Mixed Extension of Hypergames and Its Application to Inspection Games [C]. Proceedings of the 51st Annual Meeting of the ISSS. 2007.

[176] Putro U S, Kijima K, Takahashi S. Adaptive Learning of Hypergame Situations Using a Genetic Algorithm [J]. IEEE Transactions on Systems, Man and Cybernetics-Part A: Systems and Humans, 2000, 30(5): 562 -572.

[177] Kanazawa T, Ushio T, Yamasaki T. Replicator Dynamics of Evolutionary Hypergames [J]. IEEE Transactions on Systems, Man, and Cybernetics-Part A: Systems and Humans, 2007, 37(1): 132 -138.

[178] Song Y X, Qu Y, Liu Z R, Chen Y Q. Fusion and Automatic Ranking of Fuzzy Outcome Preferences Information in Hypergame Models [C]. Proceedings of the 4th International Conference on Machine Learning and Cybernetics. Guangzhou, 2005: 2711 -2725.

[179] Sasaki Y, Kijima K. Preservation of Misperceptions-Stability Analysis of Hypergames [C]. Proceeding of the 52nd Annual Meeting of the ISSS. 2008.

[180] Callan. 人工智能 [M]. 黄厚宽, 田盛丰, 译. 北京: 电子工业出版社, 2004.

[181] Pearl J. Probabilistic Reasoning in Intelligent Systems [M]. San Mateo, CA: Morgan Kaufmann, 1988.

[182] 史志富. 基于贝叶斯网络的 UCAV 编队对敌攻击智能决策研究 [D].

西安：西北工业大学，2007.

[183] Rosen J A, Smith W L. Influence Net Modeling with Causal Strengths: An Evolutionary Approach [C]. 1996 Command and Control Research and Technology Symposium. 1996.

[184] Haider S, Levis A H. Modeling time-varying uncertain situations using Dynamic Influence Net [J]. International Journal of Approximate Reasoning, 2008, 49(2): 488 - 502.

[185] Haider S, Levis A H. Effective courses of action determination to achieve desired effects [J]. IEEE Transactions on Systems, Man and Cybernetics, 2007, 37(6): 1140 - 1150.

[186] Wagenhals L W, Levis A H. Modeling support of Effects Based Operations in War Games [C]. Proceeding of the 7th Command and Control Research and Development Symposium. Monterey Ca: Naval Post Graduate School, 2002.

[187] Rafi M F, Zaidi A K, Papantoni-Kazakos P, Levis A H. Optimization of actions in activation timed influence nets [J]. Informatica, 2009: 285 - 296.

[188] Howard R A, Matheson J E. Influence Diagrams [J]. Decision Analysis, 2005, 2(3): 127 - 143.

[189] Virtanen K, Raivio T, Hämäläinen R P. An Influence Diagram Approach to One-on-One Air Combat [C]. Proceeding of the 10th International Symposium on Dynamic Games and Applications (ISDG2002). St. Petersburg, Russia, 2002.

[190] Virtanen K, Raivio T, Hämäläinen R P. Influence Diagram Modeling of Decision Making in a Dynamic Game Setting [C]. Proceeding of the 1st Bayesian Modeling Applications Workshop of the 19th Conference on Uncertainty in Artificial Intelligence. Acapulco, Mexico, 2003.

[191] Virtanen K, Raivio T, Hämäläinen R P. Modeling pilot's sequential maneuvering decisions by a multistage influence diagram [J]. Journal of Guidance, Control and Dynamics, 2004, 27(4): 665 - 677.

[192] Virtanen K, Karelahti J, Raivio T. Modeling Air Combat by a Moving Horizon Influence Diagram Game [J]. Journal of Guidance, Control and Dynamics, 2006, 29(5): 1080 - 1091.

[193] Brynielsson J. Using AI and games for decision support in command and control [J]. Decision Support Systems, 2007, 43(4): 1454 - 1463.

[194] Pousi J. Decision Analytical Approach to Effects-Based Operations [D]. Helsinki University of Technology, 2009.

[195] 董彦非，申洋，张恒喜. 空战机动决策问题中的影响图方法 [J]. 电光与控制，2001，81(1)：48 - 53.

[196] 吴江，宋晗，周锐，等. 基于扩展影响图的超视距空战辅助决策方法 [J]. 控制与决策，2010，25(11)：1669 - 1674.

[197] 钟麟，佟明安，钟卫，等. 多级影响图在空战机动决策中的应用 [J]. 系统工程理论与实践，2006，26(10)：137 - 140.

[198] 赵新，雷永林，李群，等. 舰艇编队区域防空探索性建模与分析 [J]. 国防科技大学学报，2011，33(1)：143 - 148.

[199] Lei T, Thissen W. Quantitative problem structuring methods for multi-actor problems: and analysis of reported applications [J]. Journal of the Operational Research Society, 2009, 60(9): 1198 - 1206.

[200] Bennett P, Howard N. Rationality, emotion and preference change: Drama-theoretic models of choice [J]. European Journal of Operational Research, 1996, 92: 603 - 614.

[201] Bennett P G. Modelling Decisions in International Relations: Game Theory and Beyond [J]. Mershon International Studies Review, 1995, 39(1): 19 - 52.

[202] Bryant J. Analyzing Collaboration as Drama [J]. Systemic Practice and Action Research, 1998, 11(4): 403 - 417.

[203] Bryant J. Systemic pathologies of confrontation: diagnosing security disruption [J]. J Syst Sci Syst Eng, 2009, 18(4): 423 - 436.

[204] Tsoukiàs A. On the concept of decision aiding process: an operational perspective [J]. Annals of Operations Research, 2007, 154: 3 - 27.

[205] Koller D, Milch B. Multi-Agent Influence Diagrams for Representing and Solving Games [C]. Proceedings of the 17th International Joint Conference on Artificial Intelligence (IJCAI-01). 2001: 1027 - 1034.

[206] Koller D, Milch B. Multi-Agent Influence Diagrams for Representing and Solving Games [J]. Games and Economic Behavior, 2003, 45(1): 181 - 221.

[207] 钱学森，于景元，戴汝为. 一个学科新领域——开放复杂巨系统及其方

法论［J］. 自然杂志，1990，13(1)：3－10.
［208］ 成思危. 复杂科学、系统工程与管理. 许国志，顾基发，车宏安. 系统科学与系统工程研究［M］. 2 版. 上海：上海科技教育出版社，2001：12－23.
［209］ 黄欣容. 复杂性科学与哲学［M］. 北京：中央编译出版社，2007.
［210］ 金士尧，黄红兵，任传俊. 基于复杂性科学基本概念的 MAS 涌现性量化研究［J］. 计算机学报，2009，32(1)：17－29.
［211］ 司马贺. 人工科学——复杂性面面观［M］. 武夷山，译. 上海：上海科技教育出版社，2004.
［212］ 埃德加·莫兰. 复杂思想：自觉的科学［M］. 陈一壮，译. 北京：北京大学出版社，2001.
［213］ Gallagher R，Appenzeller T. Beyond Reductionism［J］. Science，1999，284(2)：79.
［214］ Langton C G. “Life at the Edge of Chaos，” in Artificial Life III［M］. Langton C. G.，Ed. New York：Addison-Wesley，1994.
［215］ 霍兰. 隐秩序：适应性造就复杂性［M］. 周晓牧，韩晖，译. 上海：上海科技教育出版社，2000.
［216］ 许国志，顾基发，车宏安. 系统科学与系统工程研究［M］. 2 版. 上海：上海科技教育出版社，2001.
［217］ 颜泽贤，等. 复杂系统演化论［M］. 北京：人民出版社，1993.
［218］ 苗东升. 分形与复杂性［J］. 系统辨证学学报，2003(2).
［219］ 吴彤. 科学哲学视野中的客观复杂性［J］. 系统辨证学学报，2001(2).
［220］ 张彩江，马庆国. 复杂性的定义，对象与层次问题：一个综述［J］. 系统工程学报，2006，21(6)：644－650.
［221］ 苗东升. 复杂性研究的现状与展望，复杂性新探［M］. 北京：人民出版社，2007：13－28.
［222］ Mario C. Complexity and Chaos-State-of-the-Art; Formulations and Measures of Complexity［R］. DRDC-Valcartier，2007.
［223］ Couture M. Complexity and Chaos-State-of-the-Art; Glossary［R］. DRDC-Valcartier，2007.
［224］ Couture M. Complexity and Chaos-State-of-the-Art; List of Works，Experts，Organizations，Projects，Journals，Conferences and Tools［R］. DRDC-Valcartier，2007.

[225] Horgan J. From Complexity to Perplexity [J]. Scientific America, 1995 (Jun).
[226] 沙基昌. 复杂性概念辨析 [J]. 科学中国人, 2010(9): 20 – 22.
[227] Service R F. Exploring the Systems of Life [J]. Science, 1999, 284(2): 80 – 83.
[228] Goldenfeld N, Kadanoff L P. Simple Lessons from Complexity [J]. Science, 1999, 284(2): 87 – 89.
[229] Whitesides G M, Ismagilov R F. Complexity in Chemistry [J]. Science, 1999, 284(2): 89 – 92.
[230] Kanffman S A. The Origins of Order, Self-organization and Section in Evolution [M]. New York: Oxford University Press, Inc., 1993.
[231] Koch C, Laurent G. Complexity and the Nervous System [J]. Science, 1999, 284(2): 96 – 98.
[232] Parrish J K, Edelstein-Keshet L. Complexity, Pattern and Evolutionary Trade-Offs in Animal Aggregation [J]. Science, 1999, 284(2 APRIL): 99 – 101.
[233] Rind D. Complexity and Climate [J]. Science, 1999, 284(2): 105 – 107.
[234] Werner B T. Complexity in Natural Landform Patterns [J]. Science, 1999, 284(2): 102 – 104.
[235] Arthur W B. Complexity and the Economy [J]. Science, 1999, 284(2): 107 – 109.
[236] 成思危. 虚拟经济与经济危机 [J]. 管理科学学报, 1999, 2(1): 1 – 6.
[237] 顾基发. 复杂巨系统理论、方法、应用 [C]. 北京: 科学技术文献出版社, 1994.
[238] 吴彤. 科学哲学视野中的客观复杂性 [J]. 系统辩证学学报, 2001(2): 11 – 13.
[239] 吴彤. 算法复杂性研究历史述评 [J]. 系统辨证学学报, 2004(1): 24 – 29.
[240] 郝宁湘. 计算复杂性理论及其哲学研究 [J]. 自然辩证法研究, 1995(3): 20 – 24.
[241] 张彩江. 系统决策的复杂性及其方法论研究 [D]. 广州: 华南理工大

学, 2003.
[242] F. 克拉默. 混沌与秩序:生物系统的复杂结构 [M]. 柯志阳, 吴彤, 译. 上海: 上海科技教育出版社, 2000.
[243] Warfield J N, Cardenas A R. A Handbook of Interactive Management [M]. Ames, IA: Iowa State University Press, 1994.
[244] 沃菲尔德. 复杂性的系统设计理论与方法 [M]. 曹庆仁, 甘大力, 等译. 北京: 中国矿业大学出版社, 2006.
[245] 郝柏林. 复杂性的刻画与复杂性科学 [J]. 科学, 1999, 51(3): 3-8.
[246] Cramer F. Fundamental Complexity, A Concept in Biological Science and Beyond [J]. Interdisciplinary Science Review, 1979(4): 132-139.
[247] 许国志. 系统研究 [M]. 杭州: 浙江教育出版社, 1996.
[248] 尼古拉斯·雷舍尔. 复杂性——一种哲学概观 [M]. 吴彤, 译. 上海: 上海世纪出版集团, 2007.
[249] Gell-Mann M. The Quark and the Jaguar [M]. New York: WHFreeman, 1994.
[250] 丛蓉. 作战指挥决策支持系统目标融合识别研究 [D]. 大连: 大连理工大学, 2010.
[251] 孙庆伟. 复杂干扰环境下多传感器数据融合方法及应用 [D]. 哈尔滨: 哈尔滨工业大学, 2002.
[252] 毛赤龙. 战争设计工程中战法与装备集成分析方法研究 [D]. 长沙: 国防科学技术大学, 2008.
[253] Berresford A, Dando M R. O. R. for strategic decision-making: the role of world view [J]. Journal of the Operational Research Society, 1978(29): 137-148.
[254] Lissack M R, Letiche H. Complexity, emergence, resilience and coherence: Gaining perspective on organizations and their study [J]. Emergence, 2002, 4(3): 72-94.
[255] Simon H A. The Science of the Artificial (3rd edition) [M]. Cambridge, MA: The MIT Press, 1999.
[256] Allen P M. Knowledge, ignorance and learning [J]. Emergence, 2000, 2(4): 78-103.
[257] Allen P M. What is complexity science? Knowledge of the limits to knowledge [J]. Emergence, 2001, 3(1): 24-42.

[258] Allen P M, Strathern M. Evolution, emergence and learning in complex systems [J]. Emergence, 2003, 5(4): 8 -33.

[259] Bertsekas D P. Dynamic Programming and Stochastic Control [M]. New York: Academic Press, 1976.

[260] Brynielsson J, Arnborg S. Bayesian Games for Threat Prediction and Situation Analysis [C]//Svensson P, Schubert J, Eds. Proceedings of the Seventh International Conference on Information Fusion (FUSION 2004). Stockholm, Sweden, 2004: 1125 - 1132.

[261] Howard R A, Matheson J E. Influence diagrams in Readings on the Principles and Application of Decision Analysis [M]. Strategic Decisions Group, 1984: 721 -762.

[262] Geiger D, Verma T, Pearl J. Identifying independence in Bayesian networks [J]. Networks, 1990, 20: 507 -534.

[263] Shachter R D. Bayes-Ball: The Rational Pastime [C]. Proceedings of the 14th Conference on Uncertainty in Articial Intelligence, 1998.

[264] Haywood O G. Military Decision and the Mathematical Theory of Games [M]. Maxwell AFB, AL: Air University Press, 1950.

[265] Wagner D H, Mylander W C, Sanders T J. Naval Operations Analysis (Third Edition) [M]. Annapolis, Maryland USA: Naval Institute Press, 1999.

[266] 宋业新，王发坤，瞿勇. 多冲突环境下的两人一阶超对策交互集结模型 [J]. 系统工程与电子技术，2010，32(8)：1672 -1676.

[267] 埃莱纳·德珀雷. 梦断马奇诺 [M]. 林顶，译. 北京：京华出版社，2006.

[268] Greenberg J, Gupta S, Luo X. Mutually acceptable courses of action [J]. Economic Theory, 2009, 40(1): 91 -112.

[269] McEneaney W M, Singh R. Unmanned Vehicle Operations under Imperfect Information in an Adversarial Environment [C]. AIAA Guidance, Navigation and Control Conference and Exhibit. Providence, Rhode Island, 2004.

[270] Mura P L. Game Networks [C]. Proceedings of the 16th Conference on Uncertainty in Artificial Intelligence (UAI 2000). 2000: 335 -342.

[271] Gal Y a, Pfeffer A. A Language for Modeling Agents´ Decision Making

Processes in Games [C]. Proceedings of the 2nd International Joint Conference on Autonomous Agents and Multi-agent Systems (AAMAS). 2003.

[272] Doshi P, Zeng Y, Chen Q. Graphical models for interactive POMDPs: representations and solutions [J]. Autonomous Agents and Multi-Agent Systems, 2009, 18(3): 376-416.

[273] 张志涌, 杨祖樱. MATLAB 教程 R2010a [M]. 北京: 北京航空航天大学出版社, 2010.

[274] Ormerod R J. OR as rational choice: a decision and game theory perspective [J]. Journal of the Operational Research Society, 2010, 61: 1761-1776.

[275] 岳超源. 决策理论与方法 [M]. 北京: 科学出版社, 2003.

[276] 谭德庆. 多维博弈论 [M]. 成都: 西南交通大学出版社, 2006.